Vergewaltigung von Frauen als Asylgrund

C(

Barbara Laubenthal, M. A., geb. 1969, studierte Politikwissenschaft, Anglistik und Soziologie in Münster/Westf. und London. Derzeit ist sie wissenschaftliche Mitarbeiterin der Professur für Frauenforschung an der Westfälischen Wilhelms-Universität Münster.

Barbara Laubenthal

Vergewaltigung von Frauen als Asylgrund

Die gegenwärtige Praxis in Deutschland

Campus Verlag
Frankfurt/New York

Die Deutsche Bibliothek – CIP-Einheitsaufnahme

Laubenthal, Barbara:
Vergewaltigung von Frauen als Asylgrund: die gegenwärtige Praxis
in Deutschland / Barbara Laubenthal. – Frankfurt/Main; New York:
Campus Verlag, 1999
    ISBN 3-593-36133-7

Copyright © 1999 Campus Verlag GmbH, Frankfurt/Main
Umschlaggestaltung: Atelier Warminski, Büdingen
Druck und Bindung: KM-Druck, Groß-Umstadt
Gedruckt auf säurefreiem und chlorfrei gebleichtem Papier.
Printed in Germany

Inhalt

Vorwort

Frauen werden in der ganzen Welt auf Grund ihres Geschlechts verfolgt. Unabhängig von der Nationalität, Kultur, Religion und gesellschaftlichen Position werden Frauen weltweit diskriminiert, geschlagen, gefoltert und im schlimmsten Fall hingerichtet von ihren Vätern, Brüdern und Ehemännern, etwa weil sie nicht mehr Jungfrau sind oder nur dieser Verdacht besteht oder weil sie die Ehe gebrochen haben oder weil sie nicht genügend Mitgift eingebracht haben oder weil sie sich weigern, den Schleier zu tragen oder weil sie ganz einfach eigene Vorstellungen von ihrem Leben haben. Diese Frauen finden nirgends Schutz – sie sind auf der Flucht vor Verfolgung und doch keine Flüchtlinge. Frauenspezifische Fluchtgründe werden ganz selten als asylrelevant anerkannt. Menschenrechtsverletzungen an Frauen werden in vielen Fällen als Privatangelegenheiten betrachtet, oder sie werden den Traditionen und Bräuchen des jeweiligen Landes zugerechnet, in die fremde Menschen sich nicht einmischen sollen. Dies sind aber sehr wohl politische Instrumente zur Wahrung der männlichen Vorherrschaft. Dennoch herrscht beim Bundesamt für die Anerkennung ausländischer Flüchtlinge die Auffassung, daß das bundesdeutsche Wertesystem nicht zur Grundlage der Beurteilung der Normen und Werte anderer Länder gemacht werden soll. Menschenrechte werden somit als teilbar definiert. Die in allen großen Menschenrechtskonventionen als schützenswert genannten gleichen Grundrechte beider Geschlechter gelten hier nicht. Gewalt gegen Frauen, vor allem sexuelle Gewalt, wird auch als unvermeidliche Folge allgemeiner Kriminalität oder eines kriegerischen Konfliktes gesehen. Bürgerkrieg und Kriminalität gelten in der BRD als „allgemeine Unglückssituation" und sind damit ebenfalls nicht asylrelevant.

So machten schon 1981 die Gründerinnen von TERRE DES FEMMES auf die gravierenden Menschenrechtsverletzungen von Frauen aufmerksam und forderten, daß frauenspezifische Fluchtgründe als Asylgrund anerkannt werden. In den Gründungsjahren führten die Mitarbeiterinnen eine Kampagne zur Erweiterung der Genfer Flüchtlingskonvention um den Zusatz: „Niemand darf aufgrund seiner Geschlechtszugehörigkeit verfolgt werden" durch. Nach der Genfer Flüchtlingskonvention sind Personen politisch verfolgt, die wegen ihrer politischen Überzeugung, wegen ihrer Rasse, Religion, Nationalität oder Zugehörigkeit zu einer bestimmten sozialen Gruppe Verfolgungsmaßnahmen ausgesetzt sind. Immerhin führte die Kampagne dazu, daß das Europaparlament in einer Resolution 1984 die Mitgliedsstaaten aufforderte, aus frauenspezifischen Gründen Verfolgte entsprechend der Genfer Konvention als „Angehörige einer bestimmten sozialen Gruppe" anzusehen. Dieser Forderung folgte die bundesdeutsche Asylrechtsprechung bislang nur in ganz seltenen Fällen.

Eine wohl bislang einzigartige Entscheidung in diese Richtung betrifft das Asylbegehren einer Staatsangehörigen von der Elfenbeinküste, die eine drohende Genitalverstümmelung als Verfolgungsgrund geltend machte und vom Verwaltungsgericht Magdeburg den Asylstatus zugesprochen bekam. Für das Verwaltungsgericht bestand kein Zweifel darüber, daß eine gegen den Willen der Betroffenen durchgeführte „Beschneidung" ihrer Genitalien ein asylrechtlich erheblicher Eingriff in die physische und psychische Integrität ist.

Warum sich das Bundesamt und die Gerichte so schwertun im Vergleich zu anderen Ländern wie etwa Kanada oder die USA, geschlechtsspezifische Fluchtgründe ernst zu nehmen, zeigt die vorliegende Arbeit von Barbara Laubenthal am Beispiel von Vergewaltigung.

Der Bundesverband von TERRE DES FEMMES und die Städtegruppe Münster beteiligen sich an der Herausgabe, in der Hoffnung, das Bewußtsein für die spezifische Verfolgungssituation von Frauen zu schärfen. Denn: die Menschenrechte von Frauen und Mädchen sind ein unveräußerlicher, integraler und unabtrennbarer Bestandteil der allgemeinen Menschenrechte. Mit dieser internationalen Anerkennung von Vergewaltigung als Menschenrechtsverletzung kann ein Recht auf Schutz begründet werden. Diesen hehren Worten müssen in Deutschland endlich Taten folgen.

Christa Stolle, Bundesgeschäftsführerin von TERRE DES FEMMES

Einleitung

„Wir wurden vergewaltigt.
Drei waren am anderen Morgen tot ...
Mein Asylantrag ist offensichtlich unbegründet."[1]

Das Thema „Asyl" war in den letzten Jahren eines der kontroversesten Themen der innenpolitischen Debatte in Deutschland. Seit Beginn der 1990er Jahre wurde die deutsche Praxis der Asylgewährung durch Bestrebungen, die asylrechtlichen Schutzmöglichkeiten in der Bundesrepublik einzuschränken, zum Gegenstand massiver öffentlicher Diskussionen. Mit der Behauptung, daß das deutsche Asylrecht eines der liberalsten der Welt darstelle und die Bundesrepublik in der Folge zu viele Flüchtlinge aufnehme, wurden vor allem seitens CDU und CSU Änderungen gefordert. So sollte ein „Mißbrauch" des Asylrechts verhindert und der angeblich ungerechtfertigte Zuzug von Flüchtlingen in die Bundesrepublik begrenzt werden.

Gleichzeitig wurde die Öffentlichkeit im Zuge der ausführlichen Berichterstattung über Massenvergewaltigungen im bosnischen Bürgerkrieg auf Vergewaltigung als Asylgrund aufmerksam. Bosnische Frauen, die aufgrund von sexueller Gewalt aus ihrer Heimat geflohen waren, suchten Schutz in der Bundesrepublik. Obwohl sie Opfer von sexueller Folter und Vergewaltigung geworden waren, wurden sie als Asylberechtigte abgelehnt – eine Tatsache, die für Unverständnis und Empörung sorgte.[2]

---

[1] Plakataufschrift von Pro Asyl, zitiert nach: Pro Asyl: Tag des Flüchtlings 1996. Der Einzelfall zählt, Frankfurt/Main 1996, S. 9.
[2] Vgl. Renate Dieregsweiler: Krieg – Vergewaltigung – Asyl. Die Bedeutung von Vergewaltigung im Krieg und ihre Bewertung in der bundesdeutschen Asylrechtsprechung, Sinzheim 1997, S. 95. Künftig zitiert als: Dieregsweiler 1995.

Vergewaltigung als Asylgrund fand damit Eingang in die öffentliche Debatte. Ansonsten jedoch ist diese Problematik bisher eher ein „versteckter" Bereich des Themenkomplexes Flucht und Asyl: Eine Rolle spielt die Asylrelevanz von sexueller Gewalt vor allem für die Frauen, die diese Form der Gewalt in ihrer Heimat erleben mußten und in der Folge Schutz durch das deutsche Asylrecht suchen.[3] Demgegenüber ist sexuelle Gewalt im deutschen Asylrecht nur soweit ein relevantes Thema, wie betroffene Frauen eine Vergewaltigung als Fluchtgrund angeben. Von den asylrechtlichen Entscheidungsinstanzen wird sexuelle Gewalt häufig nicht zur Entscheidungsfindung herangezogen. Wenn sie doch auf ihre Asylrelevanz überprüft wird, werden Frauen in der Regel mit der Begründung abgelehnt, daß die erlittene Gewalt nicht als politische Verfolgung zu werten sei.

Diese Defizite, die beim asylrechtlichen Schutz von Opfern von Vergewaltigung bestehen, haben bisher jedoch nicht zu konkreten Forderungen nach der Anerkennung von sexueller Gewalt als Asylgrund geführt. Zwar gibt es seit Mitte der 1980er Jahre innerhalb der Fachöffentlichkeit ein zunehmendes Bewußtsein für Aspekte von Flucht und Asyl, die spezifisch Frauen betreffen.[4] Dabei wurde auch sexuelle Gewalt als ein Aspekt des Verfolgungsschicksals von Frauen thematisiert. Konkrete Maßgaben, unter welchen Umständen Vergewaltigung als Asylgrund betrachtet werden muß und wie dies im Asylrecht erreicht werden kann, existieren derzeit jedoch nicht. Bisher soll die asylrechtliche Berücksichtigung frauenspezifischer Verfolgungserfahrungen lediglich durch eine Verankerung von „Geschlecht" als Verfolgungskategorie in den asylrechtlichen Entscheidungsgrundlagen erreicht werden. Erst in jüngster Zeit sind frauenspezifische Forderungen mit einer allgemeinen Kritik an der deutschen Asylgewährung verknüpft worden.[5]

---

[3] Vgl. UNHCR: Mitteilung über bestimmte Aspekte sexueller Gewalt gegen Flüchtlingsfrauen, o. O., 1993, S. 6-7.

[4] Vgl. Martina Schöttes/Monika Schuckar: Politische Verfolgung von Frauen, in: Martina Schöttes/Monika Schuckar (Hrsg.): Frauen auf der Flucht, Bd.1: Leben unter politischen Gewaltverhältnissen. Chile, Eritrea, Iran, Libanon, Sri Lanka, Berlin 1994, S. 9-43, hier S. 21. Künftig zitiert als: Schöttes/Schuckar 1994.

[5] Vgl. Margit Gottstein: Brauchen Frauen ein frauenspezifisches Asylrecht? Zur rechtlichen Situation von Flüchtlingsfrauen in Deutschland nach der Asylrechtsänderung, in: Terre des Femmes (Hrsg.): Frauen auf der Flucht. Geschlechtsspezifische Fluchtursachen und euro-

Jedoch findet innerhalb des deutschen Asylrechts nicht nur ein Ausschluß von frauenspezifischen Verfolgungserfahrungen aus der Asylgewährung statt. Vielmehr ist die deutsche Asylgewährung durch eine kontinuierlichen Einschränkung asylrechtlicher Schutzmöglichkeiten in der Bundesrepublik charakterisiert. Seit Ende der 1970er Jahre sind durch Änderungen des Asylverfahrensgesetzes die Möglichkeiten von Flüchtlingen, das deutsche Asylrecht in Anspruch zu nehmen, verschlechtert worden. Zugleich wurde seit Anfang der 1980er Jahre unter dem Schlagwort des „Asylmißbrauchs" das als Art. 16 im Grundgesetz verankerte Recht auf Asyl immer mehr infragegestellt.[6] Verschiedene politische Initiativen seitens der Regierungskoalition aus CDU/CSU und FDP mündeten 1993 in die Novellierung des Art. 16 GG, mit der Einschränkungen des Rechts auf Asyl festgeschrieben wurden. Gleichzeitig führt auch die juristische Prüfung von Asylanträgen häufig zur Ablehnung einer Asylgewährung.[7] Von den Flüchtlingen, die vor Menschenrechtsverletzungen, Vertreibung und politischer Repression in ihrer Heimat in die Bundesrepublik fliehen, wird nur wenigen Asyl gewährt. Die Opfer sexueller Gewalt, deren Asylanträge abgelehnt werden, sind somit Teil einer ganzen Gruppe von Flüchtlingen, die keinen asylrechtlichen Schutz in der Bundesrepublik bekommen.[8]

Warum bekommen die Opfer einer Vergewaltigung in der Bundesrepublik nicht den ihrer Situation angemessenen asylrechtlichen Schutz? Dies ist die zentrale Frage, der hier nachgegangen werden soll. Dabei ist die These dieser Arbeit, daß innerhalb der beschriebenen restriktiven Asylgewährung, die als Zugangsbarriere für alle Flüchtlinge fungiert, nicht lediglich das Fehlen frauenspezifischer Kategorien im Asylrecht für den weitgehenden Ausschluß von sexueller Gewalt als Asylgrund verantwortlich ist. Deshalb ist zu klären, ob, um einen angemessenen Schutz für Frauen aufgrund von sexueller Gewalt zu erreichen, frauenspezifische Forderungen grundsätzlich

---

päische Flüchtlingspolitik, Tübingen 1994, S. 16-23, hier S. 20. Künftig zitiert als: Gottstein 1994.

[6] Vgl. Roland Appel: Die Asyl-Lüge: Was tun, wenn ein Grundrecht demontiert wird? in: Roland Appel/Claudia Roth (Hrsg.): Die Asyl-Lüge, Köln 1992, S. 12-59, hier S. 19/20. Künftig zitiert als: Appel 1992.

[7] Vgl. Peter Geiger: Der Begriff der politischen Verfolgung in der Rechtsprechung des Bundesverwaltungsgerichts. Eine Kritik aus sozialstaatlicher Sicht, in: Vorgänge 3 (1991), S. 13-20, hier S. 16. Künftig zitiert als: Geiger 1991.

[8] Vgl. Gottstein 1994, S. 21.

mit einer allgemeinen Kritik an der deutschen Asylgewährung verknüpft werden müssen.

Um zu untersuchen, warum Frauen, die wegen einer Vergewaltigung fliehen, nicht den ihrer Situation angemessenen Schutz in der Bundesrepublik bekommen, muß jedoch zunächst geklärt werden, unter welchen Umständen sexuelle Gewalt als Asylgrund betrachtet werden muß (2). Dazu wird durch eine Darstellung der Funktion sexueller Gewalt im Geschlechterverhältnis beschrieben, warum Frauen häufig Opfer dieser Form von Gewalt werden und in der Folge sexuelle Gewalt oft zum Fluchtgrund von Frauen wird (2.1). Die Forderung nach Vergewaltigung als Asylgrund setzt desweiteren voraus, daß diese Gewalt so schwerwiegend ist, daß sie Gegenstand asylrechtlichen Schutzes sein muß – der Frage, welche Bedrohung sexuelle Gewalt darstellt und welche Folgen sie für betroffene Frauen hat, wird im nächsten Kapitel (2.2) nachgegangen.

Unter welchen Umständen wird sexuelle Gewalt zu einem Grund für Frauen, ihre Heimat zu verlassen? Zentral bei der Überlegung, unter welchen Umständen Frauen vor sexueller Gewalt durch das Asylrecht geschützt werden müssen, ist es zu klären, in welchen verschiedenen Situationen sexuelle Gewalt zum Fluchtgrund werden kann. Asylrechtlicher Schutz bedeutet, daß Menschen aufgrund dessen, was ihnen in ihrem Heimatstaat zugefügt wird, dort nicht bleiben können und in einem anderen Land Schutz vor Verfolgung finden müssen.[9] Dementsprechend muß auch sexuelle Gewalt unter der Fragestellung analysiert werden, welche Formen staatlicher Verantwortung gegenüber Vergewaltigung bestehen können, die einen Verbleib im Heimatstaat unmöglich machen (2.3). Am Ende des ersten Teils können die gewonnenen Erkenntnisse unter der Maßgabe zusammengefaßt werden, Grundsätze für die Asylrelevanz von sexueller Gewalt aufzustellen (2.4).

Daß es bestimmte Umstände gibt, unter denen Frauen asylrechtlichen Schutz aufgrund einer Vergewaltigung benötigen, ist unstrittig. Im zweiten Teil dieser Arbeit soll auf der Basis der Ergebnisse des ersten Teils die deutsche Asylvergabepraxis aufgrund von sexueller Gewalt untersucht werden (3). So soll geklärt werden, welche Defizite derzeit beim asylrechtlichen Schutz von Opfern einer Vergewaltigung bestehen. Aus diesem Grund

---

[9] Vgl. Otto Kimminich: Grundprobleme des Asylrechts, Darmstadt 1983. Künftig zitiert als: Kimminich 1983.

wird zunächst mit einer Schilderung der Entwicklung der deutschen Asylpolitik dargestellt, welche asylpolitischen Interessen die rechtlichen Prinzipien des Asylrechts bestimmen (3.1). Um zu klären, anhand welcher recht-
licher Prinzipien sexuelle Gewalt im deutschen Asylrecht erfaßt wird, wird
in der Folge der Begriff der „politischen Verfolgung" dargestellt (3.2.1) und
eine Analyse der Erfassung von sexueller Gewalt durch die Auslegung dieses Begriffs vorgenommen. Da noch keine eingehende Untersuchung der
asylrechtlichen Entscheidungspraxis bei Fällen sexueller Gewalt existiert,
wird hier erstmalig eine Analyse von Urteilen der Oberverwaltungs- und
Verwaltungsgerichtsbarkeit vorgenommen. Auch einige Entscheidungen
des Bundesamtes für die Anerkennung ausländischer Flüchtlinge lagen zum
internen Gebrauch der Verfasserin vor (Angaben, die auf diesen Informationen beruhen, sind im Text als solche kenntlich gemacht). Am Ende des
zweiten Teils wird auf der Basis der gewonnenen Erkenntnisse eine Einschätzung der asylrechtlichen Beurteilung von sexueller Gewalt vorgenommen: Welche asylrechtlichen Prinzipien führen dazu, daß sexuelle Gewalt in der Bundesrepublik häufig keinen Asylgrund darstellt (3.3)?

Schließlich sollen die innerhalb dieser Arbeit gewonnenen Ergebnisse zu
einer allgemeinen Einschätzung der asylrechtlichen Praxis in Deutschland
in Bezug gesetzt werden (4). Hierbei soll jedoch nicht nur eine Kritik an der
herrschenden Asylgewährung vorgenommen werden: Vielmehr soll auf der
Grundlage der gewonnenen Erkenntnisse abschließend ein asylrechtliches
Modell vorgestellt werden, daß einen angemessenen Schutz für Flüchtlinge
beinhaltet und eine Alternative zur derzeitigen Asylgewährung in der Bundesrepublik darstellt (5).

1 Vergewaltigung als Asylgrund: Darstellung und Bewertung der wissenschaftlichen Diskussion

Seit Mitte der 1980er Jahre ist sexuelle Gewalt im Kontext der wissenschaftlichen Auseinandersetzung mit Flucht und Asyl thematisiert worden. Die erste Thematisierung fand in den Niederlanden durch die Arbeit von de Neef/de Ruiter (1984) statt. Von maßgeblicher Bedeutung für die bundesdeutsche Debatte war zunächst die Arbeit von Gottstein (1986). Sie thematisierte erstmalig, daß Flucht und Asyl für Frauen mit spezifischen Erfahrungen verbunden sind, die aus ihrer Geschlechtszugehörigkeit resultieren und bei der Asylgewährung besondere Beachtung verdienen. Gottstein etablierte verschiedene Kategorien von Verfolgungsgründen, die Frauen betreffen. Dabei folgerte sie, daß, neben einer „geschlechtsneutralen" Verfolgung aufgrund von politischer Opposition oder ethnischer Zugehörigkeit, der Übertritt von frauenspezifischen Normen und Gesetzen, beispielsweise im Iran, einen frauenspezifischen Verfolgungsgrund darstelle. Aufgrund der Feststellung, daß bei der Verfolgung von Frauen häufig sexuelle Übergriffe stattfinden, etablierte sie als zweiten frauenspezifischen Aspekt von Verfolgung sexuelle Gewalt als Verfolgungsform. So wurden sowohl sexuelle Gewalt als auch der Übertritt frauenspezifischer Normen gemeinsam als frauenspezifische Verfolgungserfahrungen mit dem Ziel, das ungleiche Machtverhältnis zwischen Frauen und Männern zu stabilisieren und aufrechtzuerhalten, zusammengefaßt.

Die Betonung des geschlechtspezifischen Charakters von sexueller Gewalt bei Gottstein hatte großen Einfluß auf andere Arbeiten. Buhr (1988), Brandt/Seyb (1988) und Gebauer (1988) zeigten punktuell Ausschlußmechanismen von sexueller Gewalt im deutschen Asylrecht auf. Den Schwerpunkt ihrer Arbeiten bildete jedoch die Thematisierung von sexueller Gewalt gemeinsam mit frauenspezifischen Verfolgungsgründen unter der Maßgabe, eine asylrechtliche Anerkennung „als Frau" zu begründen.

Versuche, zusammen mit frauenspezifischen Verfolgungsgründen auch sexuelle Gewalt asylrechtlich zu verankern, fanden im Rahmen unterschiedlicher Vorschläge statt: Gottstein forderte eine Anerkennung der Verfolgung von Frauen durch die in der Genfer Flüchtlingskonvention bestehenden Kategorie der „sozialen Gruppe", die auch auf internationaler Ebene, etwa durch Neal (1988) als Möglichkeit betrachtet wurde, geschlechtsspezifische Verfolgung anzuerkennen. Demgegenüber kam von Galen (1995) durch eine Betrachtung des deutschen Asylrechts zu dem Ergebnis, daß eine Anerkennung von frauenspezifischen Verfolgungserfahrungen in der Bundesrepublik auch ohne Rückgriff auf die Genfer Flüchtlingskonvention möglich wäre.

Parallel zu dieser Thematisierung von sexueller Gewalt haben einige Arbeiten eine andere Perspektive auf sexuelle Gewalt als Asylgrund gewählt. So wurde begonnen, sexuelle Gewalt als eigenständigen Fluchtgrund zu untersuchen. Dazu wurden Versuche unternommen zu definieren, unter welchen Umständen sexuelle Gewalt zum Fluchtgrund wird. König (1988) thematisierte erstmalig die Tatsache, daß, obgleich sexuelle Gewalt in nahezu allen Gesellschaften als Gewalttat gegen Frauen vorkommt, sexuelle Gewalt zum Fluchtgrund werden kann. In der bundesdeutschen Debatte fordert Fritsche (1991), die Anerkennung von sexueller Gewalt als Asylgrund durch eine Definition als Folter zu erreichen. Auch Aswad (1996) setzte, um zu etablieren, unter welchen Umständen sexuelle Gewalt als Asylgrund gelten muß, Vergewaltigung mit Folter gleich und vertrat die These, daß Vergewaltigung dementsprechend asylrelevant sein müsse, wenn sie vom Staat betrieben wird. Eine weiter gefaßte Asylrelevanz von sexueller Gewalt, die auch die Duldung von Vergewaltigung durch den Herkunftstaat umfaßt, forderte Castel (1992). Dieregsweiler (1997) analysierte in ihrer Arbeit unter dem Aspekt der Kriegsvergewaltigung erstmalig die Mechanismen, die sexuelle Gewalt im deutschen Asylrecht erfassen.

Die von Gottstein vorgenommene Verankerung von sexueller Gewalt als Teil frauenspezifischer Verfolgungserfahrungen hat einerseits zu einer dringend notwendigen Sichtbarmachung von sexueller Gewalt bei der Thematisierung von Verfolgung und Asylgewährung geführt und die Möglichkeiten aufgezeigt, mit der die Verfolgungserfahrungen von Frauen grundsätzlich erfaßt werden können. In diesem Kontext ist sexuelle Gewalt jedoch immer nur als „Verfolgungsmittel" thematisiert worden, die wegen eines Verfolgungsgrundes stattfindet, der die „eigentliche" Fluchtursache darstellt. In der Konsequenz wurde sexuelle Gewalt innerhalb dieses Ansatzes nicht als eigenständige Fluchtursache erkannt und thematisiert. Zugleich hat die Betonung der geschlechtsspezifischen Dimension von sexueller Gewalt dazu geführt, daß sexuelle Gewalt nur unter der Maßgabe, grundsätzliche Forderungen nach der Verankerung eines Verfolgungsgrundes „Frau" aufzustellen, thematisiert worden ist. Dies hat bisher verhindert, daß die für sexuelle Gewalt bestehenden asylrechtlichen Ausschlußmechanismen, die eine Anerkennung als Asylberechtigte verhindern, genauer untersucht wurden. Mit dem Ansatz von König, Castel, Aswad und Dieregsweiler, sexuelle Gewalt als eigenständige Fluchtursache zu betrachten, existiert jedoch eine Forschungsrichtung, die die Grundlage für eine nähere Bestimmung von Vergewaltigung als Fluchtgrund sowie ihrer asylrechtlichen Erfassung bietet.

Um sexuelle Gewalt in dieser Weise zu untersuchen, ist es nötig, zum einen Erkenntnisse über sexuelle Gewalt aus anderen Forschungsrichtungen und Fachgebieten wie der feministischen Theorie, der Menschenrechtsdebatte und der Psychologie heranzuziehen, zum anderen die Thematisierung frauenspezifischer Aspekte von Flucht und Asyl um das im Rahmen der sozialwissenschaftlichen und juristischen Forschung entwickelte Wissen über Flucht und Asyl zu erweitern.

2 Vergewaltigung als Asylgrund

2.1 Die Bedeutung von Vergewaltigung im Geschlechterverhältnis

Vergewaltigungen sind Gewalttaten, die aufgrund ihrer Funktion im Geschlechterverhältnis eine allgegenwärtige Bedrohung für Frauen darstellen.

Als eine Vergewaltigung wird hier ein erzwungener oraler, analer oder vaginaler Geschlechtsverkehr bezeichnet. Im Gegensatz zu juristischen Definitionen, nach denen eine sexuelle Gewalttat nur dann als Vergewaltigung bewertet wird, wenn die Frau körperliche Gegenwehr geleistet hat,[10] wird in dieser Arbeit für das Vorliegen einer Vergewaltigung als konstitutiv erachtet, daß die sexuelle Handlung gegen den Willen der betroffenen Frau stattgefunden hat.[11]

Vergewaltigungen sind auf einer strukturellen Ebene im Geschlechterverhältnis verankert und sind ein Bestandteil der Beziehungen zwischen Männern und Frauen in Gesellschaften, die entlang einer ungleichen Machtverteilung zwischen den Geschlechtern organisiert sind[12]:

---

[10] Vgl. Monika Frommel: Gewalt gegen Frauen – Utopische, realistische und rhetorische Forderungen an eine Reform der sexuellen Gewaltdelikte, in: Ulrich Battis /Ulrike Schulz (Hrsg.): Frauen im Recht, Heidelberg 1990, S. 257-317, hier S. 265.

[11] Vgl. Dieregsweiler 1997, S. 15.

[12] Dabei ist das Vorkommen von sexueller Gewalt nicht biologisch-geschlechtlich determiniert. Es steht fest, daß ein Zusammenhang zwischen jeweiliger gesellschaftlicher Stellung der Frau und sexueller Gewalt besteht: „Sexuelle Gewalt ist dabei Machtpraxis ausschließlich in patriarchalen Kulturen" (vgl. Heiliger/Engelfried S. 65). Zu matrilinear oder matriarchal organisierten Gesellschaften vgl. Ilse Lenz/Ute Luig: Frauenmacht ohne Herrschaft. Geschlechterverhältnisse in nichtpatriarchalischen Gesellschaften, Frankfurt/Main 1995.

„Die sexuelle Gewalt von Männern gegen Frauen ist eines der zentralen Gewaltverhältnisse überhaupt, und die Entstehung des Patriarchats ist historisch eng mit der Kontrolle der weiblichen Sexualität und Reproduktionsfähigkeit verbunden." [13]

Auf dieser Ebene erfüllen Vergewaltigungen in allen patriarchalen Gesellschaften die Funktion, männlicher Dominanz aufrechtzuerhalten: [14]

„Vergewaltigungen regulieren die ungleichen Machtbeziehungen zwischen den Geschlechtern. Sie dienen dazu, eine bestimmte kulturelle Ordnung zwischen den Geschlechtern zu sichern oder – wenn sie brüchig zu werden droht – wieder herzustellen." [15]

Hierbei wirkt sexuelle Gewalt auch ohne tatsächliche Ausübung als ein Mechanismus sozialer Kontrolle: Vergewaltigungen und andere sexuelle Angriffe gegen Frauen sind so häufig, daß Frauen, auch wenn sie selbst bislang nicht Opfer einer solchen Gewalttat geworden sind, sich der konstanten Bedrohung bewußt sind. Die Angst vor sexuellen Übergriffen ist hierbei so internalisiert, daß die Vermeidung „bedrohlicher" Situationen quasi automatisch stattfindet. [16]

Die Behauptung, daß es lediglich patriarchale Strukturen sind, die die Situation von Frauen charakterisieren, ist angesichts der Tatsache, daß auch soziale Schicht oder ethnische Zugehörigkeit gesellschaftliche Trennungslinien zwischen Frauen darstellen, problematisch. Vergewaltigungen sind jedoch eine Erscheinung des Geschlechterverhältnisses, die Frauen aller Gesellschaften betrifft:

„It has been possible to show the prevalence of violence not only in Western societies, but in many other parts of the world where women are dependent on men and are physically

---

[13] Gert Krell/Sonja Wölte: Gewalt gegen Frauen und die Menschenrechte, Frankfurt/Main 1995, S. 7. Künftig zitiert als: Krell/Wölte 1995.

[14] „Patriarchal" wird hier verstanden als Bezeichnung für Gesellschaften, in denen „Geschlecht" als soziales Konstrukt existiert und eine Zuschreibung unterschiedlicher Werte, Fähigkeiten und Eigenschaften beinhaltet, die eine ungleiche Machtverteilung zugunsten von Männern beinhaltet, legitimiert und aufrechterhält.

[15] Ruth Seifert: Krieg und Vergewaltigung, in: Alexandra Stiglmayer (Hrsg.): Massenvergewaltigung. Krieg gegen die Frauen, Freiburg i. Br. 1993, S. 85-108, hier S. 89. Künftig zitiert als: Seifert 1993.

[16] Vgl. Nancy Caro Hollander: The Gendering of Human Rights: Women and the Latin American Terrorist State, in: Feminist Studies 1 (1996), S. 41-80, hier: S. 53. Künftig zitiert als: Caro Hollander 1996.

abused by men. The possibility of rape [...] cuts across the boundaries of nationality, class, race, and religion."[17]

Auf der individuellen Ebene ist eine Vergewaltigung ein Akt direkter Gewalt, der mit sexuellen Mitteln durchgeführt wird.[18] Männer, die vergewaltigen, haben in der Regel keine Störung, die unter psychopathologischen Kriterien zu betrachten wäre:

„Die Realität zeigt [...], daß es sich bei Vergewaltigern vorwiegend um ganz normale, unauffällige, heterosexuell eher überangepaßte Männer handelt."[19]

Untersuchungen über die Motivation von Vergewaltigern zeigen deutlich, daß nicht sexuelle Befriedigung Ziel der Tat ist, sondern daß durch die Gewalttat Machtbedürfnisse befriedigt und vor allem Verachtung und Haß gegenüber Frauen ausagiert werden.[20] Auch geschehen Vergewaltigungen in der Regel keineswegs „spontan", sondern sind geplant und insofern „zielgerichtet".[21] Dies wird auch deutlich an der Tatsache, daß die betroffenen Frauen in vielen Fällen zusätzliche Verletzungen durch Würgen oder Stichverletzungen erleiden, die über die Überwältigung des Opfers hinaus stattfanden.[22] So geht es dem Täter darum,

---

[17] Caroline Ramazanoglu: Feminism and the Contradictions of Oppression, London 1989, S. 66.

[18] Vgl. Colleen A. Ward: Attitudes toward Rape. Feminist and Social Psychological Perspectives, London 1995, S. 23. Künftig zitiert als: Ward 1995.

[19] Daniela Naab/Heike Jung: Sexuelle Gewalt gegen Frauen, in: Kriminalistik 12 (1991), S. 801-805, hier S. 801. Künftig zitiert als: Naab/Jung 1991.

[20] Vgl. zur gesellschaftlichen Konstruktion von Männlichkeit, die Frauenhaß und Gewalt gegen Frauen beinhaltet, Rolf Pohl: Männlichkeit, Destruktivität und Kriegsbereitschaft, in: Jürgen Seifert u.a.: Logik der Destruktion. Der zweite Golfkrieg als erster elektronischer Krieg und die Möglichkeiten seiner Verarbeitung im Bewußtsein, Frankfurt – Hannover – Heidelberg 1992, S. 157-177. Vgl. auch Heiliger/Engelfried 1995. Vgl. auch Ruth Seifert: Männlichkeitskonstruktionen. Das Militär als diskursive Macht, in: Das Argument Nr. 196 (1992), S. 859-872.

[21] Naab/Jung 1991, S. 802.

[22] Vgl. Harald Feldmann: Vergewaltigung und ihre psychischen Folgen, Stuttgart 1992, S. 52. Künftig zitiert als: Feldmann 1992.

„sein Opfer zu terrorisieren, zu beherrschen und bis zur völligen Hilflosigkeit zu erniedrigen. Das Zufügen einer psychischen Verletzung geschieht so geplant und absichtlich."[23]

Versuche von Frauen, eine Kommunikation mit dem Täter herzustellen, scheitern in den allermeisten Fällen, da der Täter die Frau, die er vergewaltigt, nicht als Individuum wahrnimmt:

„Die Entpersönlichung des Opfers durch den Täter wird vom Opfer gleichfalls verstanden: Es empfindet sich selbst als dehumanisiert."[24]

Diese Tatsache verdeutlicht, daß über die einzelne Person hinaus die durch die Vergewaltigung ausgedrückte Aggression Frauen insgesamt gilt.

Die strukturelle Verankerung von Vergewaltigung im Geschlechterverhältnis und die individuell erfahrbare sexuelle Gewalt bedingen sich gegenseitig. Für Frauen hat dies zur Folge, daß sie konstant von diese Form der Gewalt bedroht sind.

2.2 Psychische Folgen von Vergewaltigung

Eine Vergewaltigung ist eine Gewalttat, die, neben möglicherweise schwerwiegenden physischen Folgen, extreme psychische Verletzungen mit sich bringt. Die Folgen einer Vergewaltigung sind den Auswirkungen von Folterhandlungen vergleichbar.

Eine Vergewaltigung stellt einen extremen physischen und psychischen Angriff dar, den Frauen während der Tat mit Gefühlen des Ekels, der Ohnmacht und der Demütigung erleiden.

„Das gewaltsame Eindringen in das Innere des Körpers bedeutet den schwerstmöglichen Angriff auf das intime Selbst [...]. Da die persönliche Identität eng mit der sexuellen Identität verwoben ist, wird durch die sexuelle Form der Gewalt [...] das personale Selbst in seinem Kern getroffen." [25]

---

[23] Judith Lewis Herman: Die Narben der Gewalt, München 1994, S. 86. Künftig zitiert als: Lewis Herman 1994.
[24] Feldmann 1992, S. 30.
[25] Seifert 1993, S. 87.

Vergewaltigungsopfer erleben während der Tat häufig eine Blockierung ihrer Wahrnehmungsfähigkeit oder ein Gefühl der Abspaltung vom eigenen Körper und vom Geschehen. Die Unfaßbarkeit dessen, was mit ihnen geschieht, führt dabei zu einer emotionalen und zum Teil auch zu einer physischen Lähmung:

„Ist man absolut machtlos und jeder Widerstand zwecklos, bleibt möglicherweise nur die Kapitulation. [...]. Der oder die Ohnmächtige flieht nicht durch eine reale Handlung aus der betreffenden Situation, sondern durch eine Veränderung des Bewußtseinszustandes."[26]

Am massivsten erleben Opfer während der Tat Angstgefühle: Körperliche Reaktionen reichen von Übelkeit über Hyperventilation bis hin zu Bewußtseinsverlust, „also Reaktionen, die als somatische Angstkorrelate zu werten sind." [27]

Nach Aussage von Vergewaltigungsopfern erleben viele Frauen während der Tat eine sog. „Lebensbilderschau", eine plötzliche und schnelle Einblendung vergangener Erlebnisse in der inneren Vorstellung. Das Auftreten dieser Reaktion ist charakteristisch für Situationen, die eine solch extreme Bedrohung darstellen, daß sie vom Opfer als lebensbedrohlich und auswegslos empfunden werden: Frauen erleben während einer Vergewaltigung Todesangst.

Häufig ist auch nach dem Vergewaltigungsakt die Gefahr für die betroffene Frau nicht vorbei, da die Opfer befürchten, daß der Täter sie töten, verletzen oder erneut vergewaltigen könne. Tatsächlich sind Frauen, die vergewaltigt werden, oft längerer Zeit den Gewalthandlungen des Täters über eine einmalige Vergewaltigung hinaus ausgeliefert.[28]

Oft leiden Frauen, die vergewaltigt worden sind, in der Folge an physischen Verletzungen und Erkrankungen. Diese reichen von Schürfwunden, Prellungen und Würgemalen über Verletzungen im Genital- und Analbereich bis hin zu den physischen Folgen von zusätzlichen sadistischen Handlungen, die die Frau über den Vergewaltigungsakt hinaus zu erleiden

---

[26] Karl Peltzer: Trauma im Kontext von Opfern organisierter Gewalt, in: Karl Peltzer/Abduljawad Aycha/Elise Bittenbinder (Hrsg.): Gewalt und Trauma. Psychopathologie und Behandlung im Kontext von Flüchtlingen und Opfern organisierter Gewalt, Frankfurt/Main 1995, S. 12-36, hier S. 17. Künftig zitiert als: Peltzer 1995.
[27] Feldmann 1992, S. 31.
[28] Vgl. Ulrike Kretschmann: Das Vergewaltigungstrauma, Münster 1993, S. 46. Künftig zitiert als: Kretschmann 1993.

hatte. Auch Geschlechtskrankheiten und AIDS gehören zu den möglichen Folgen einer Vergewaltigung.[29]

Frauen, die vergewaltigt worden sind, leiden unter einem schwerwiegendem Trauma. Während in der psychologischen Forschung lange die These vertreten wurde, daß Traumata durch Ereignisse ausgelöst werden, die durch ihren Ausnahmecharakter gekennzeichnet sind – beispielsweise Naturkatastrophen, Unfälle oder Geiselnahmen – hat sich heute die Erkenntnis durchgesetzt, daß traumatische Ereignisse dadurch charakterisiert sind, daß die erlebte Bedrohung so massiv war, daß sie die normale Anpassungsstrategie von Menschen überfordern:[30]

„Erst die Frauenbewegung der 1970er Jahre förderte die Erkenntnis zutage, daß nicht Männer im Krieg, sondern Frauen im zivilen Leben am stärksten von posttraumatischen Störungen betroffen sind."[31]

Bei den meisten Frauen, die Opfer einer Vergewaltigung wurden, ist ein bis zwei Jahre nach der Tat eine bestimmte festumrissenen Symptomatik feststellbar. Hierzu gehören Ängste und Phobien, psychosomatische Störungen, Depressionen, sowie negative Gefühle dem eigenen Körper gegenüber, die sich häufig auch darin ausdrücken, daß die Frauen sexuelle Beziehungen als problematisch erleben.[32]

Die psychischen Probleme, unter denen Frauen, die vergewaltigt wurden, in der Regel leiden, werden mit dem Begriff „Post-traumatic stress disorder" (PTSD) beschrieben.[33] Mit diesem Konzept der „post-traumatischen Belastungsstörung" werden die Symptome erfaßt, die bei Opfern von Kriegen, Katastrophen und Vergewaltigungen auftreten. Die Schwere der Symptomatik hängt hierbei vom Vorhandensein verschiedener Faktoren ab, so

---

[29] Vgl. ebd., S. 55.

[30] Zur feministischen Kritik am Trauma-Begriff vgl. Laura S. Brown: Not Outside the Range: One Feminist Perspective on Psychic Trauma, in: American Imago 1 (1991), S. 119-133.

[31] Lewis Herman 1994, S. 45.

[32] Vgl. Kretschmann 1993, S. 62-63.

[33] Vgl. Michaela A.C. Schumacher: Supervision im Kontext von bosnischen Vergewaltigungsopfern, in: Karl Peltzer/Abduljawad Aycha/Elise Bittenbinder (Hrsg.): Gewalt und Trauma. Psychopathologie und Behandlung im Kontext von Flüchtlingen und Opfern organisierter Gewalt, Frankfurt/Main 1995, S. 193-207, hier S. 194.

vor allem von der Frage, ob das traumatische Ereignis direkt gegen die Person gerichtet war, und ob eine unmittelbare Todesbedrohung bestand:

„Es liegt auf der Hand, daß es gerade diese Momente sind, die bei einer Vergewaltigungstat gegeben sind. Vergleichbar wären am ehesten Fälle von Folterung [...].“[34]

Die Opfer einer Vergewaltigung leiden häufig darunter, daß sie sich dauerhaft angstvoll und angespannt fühlen. Das traumatische Erlebnis verhindert, daß sie sich von dieser Übererregung lösen können:

„Das Trauma hat bei der ersten Erfahrung eine körperliche Stressreaktion hervorgerufen, die so stark war, daß der Körper scheinbar fortwährend daran erinnert wird.“ [35]

Hierzu gehört auch, daß Vergewaltigungsopfer unter Schlafstörungen, Konzentrationsproblemen und Schreckreaktionen leiden, die durch ein „alltägliches Erschrecken“ ausgelöst werden können, jedoch von der Intensität her dem Angstgefühl entsprechen, das die betreffende Frau während der Tat erlebte.

Zum Teil reagieren Vergewaltigungsopfer auf die Bedrohung, die sie erlebt haben, mit einem Vermeidungsverhalten, durch das als bedrohlich empfundene Situationen gemieden und mit der Tat verbundene Gefühle verdrängt und unterdrückt werden. Dies führt dazu, daß Vergewaltigungsopfer häufig unter dem Eindruck leben, sowohl sich selbst als auch ihre Umwelt permanent kontrollieren zu müssen, um das eigene Leben „durchzustehen“. Nicht selten kommt es zu einer posttraumatischen Amnesie.[36] Insgesamt erweist sich das Erlebte als so wenig „aushaltbar“, daß es verdrängt, kontrolliert und unterdrückt werden muß.

Neben diesem Symptombereich, der als sog. „Konstriktion“ bezeichnet wird, stehen Symptome der „Intrusion“, also des Wiedererlebens der Gewalttat:

---

[34] Feldmann 1992, S. 40.

[35] Max J. von Trommel, 1995: Das Posttraumatische Streßsyndrom, in: Karl Peltzer/Abduljawad Aycha/Elise Bittenbinder (Hrsg.): Gewalt und Trauma. Psychopathologie und Behandlung im Kontext von Flüchtlingen und Opfern organisierter Gewalt, Frankfurt/Main 1995, S. 37-45, hier S. 42.

[36] Vgl. Lewis Herman 1994, S. 49.

„Lange nachdem die Gefahr vorüber ist, erleben Traumatisierte das Ereignis immer wieder so, als ob es gerade geschähe. Es ist, als wäre für sie die Zeit im Moment des Traumas stehengeblieben."[37]

Hierbei „überfällt" die Erinnerung an die traumatische Situation die betroffene Person jenseits eigener Kontrollmöglichkeiten: In Form von deutlichen Bildern und intensiven, während der Tat durchlittenen Gefühlen wie Ohnmacht, Ekel oder Angst, dringt das Geschehen wieder und wieder, verbunden mit der ganzen Schrecklichkeit der Tatsituation selbst, in das Bewußtsein der betroffenen Frau ein. Dadurch bleibt das Trauma im Leben der Frau immer präsent: „Noch lange nach dem traumatischen Ereignis haben viele Traumatisierte das Gefühl, als sei ein Teil von ihnen abgestorben."[38]

Insgesamt stellt eine Vergewaltigung eine Gewalttat dar, die das Opfer in einer Weise verletzt, die die vorhandenen psychischen Verarbeitungsmöglichkeiten schlichtweg überschreitet. Die Unfaßbarkeit der Tat spiegelt sich in einer psychischen Reaktion, die eben diese Unfaßbarkeit ausdrückt: Entweder ist das Erlebte so schlimm, daß es verdrängt oder unterdrückt werden muß, oder es ist so schlimm, daß es „immer wieder kommt". Dabei ist es häufig ein Zusammenwirken von Symptomen der Konstriktion und der Intrusion, die das Leben der Opfer nachhaltig und langfristig beeinträchtigen. Zusammen verdeutlichen diese psychischen Reaktionen das extrem hohe Maß an psychischer Verletzung, mit dem die Opfer einer Vergewaltigung weiterleben müssen. Dies wird auch daran deutlich, daß die Symptome von PTSD auch die psychischen Verletzungen von Folteropfern beschreiben:

„The psychological aftermaths of rape and torture are strikingly similar. Indeed, rape survivors endure suffering comparable to that endured by torture survivors. Both torture and rape survivors experience extremely high levels of anxiety after their assaults. Studies have shown that both types of survivors often experience PTSD [...]."[39]

Bei den meisten Frauen entwickelt sich der Wunsch, die erlittene Vergewaltigung zur Anzeige zu bringen, aus einem drängendem Schutzbedürfnis vor dem Täter. Dies verdeutlicht, in welcher Angst vor einer erneuten Gewalttat vergewaltigte Frauen leben: „Am meisten fürchten alle Traumati-

---

[37] Peltzer 1995, S. 15.
[38] Lewis Herman 1994, S. 75.
[39] Evelyn Mary Aswad: Torture by Means of Rape, in: The Georgetown Law Journal 5 (1996), S. 1913-1943, hier S. 1937.

sierten, daß der Augenblick des Schreckens wiederkommt."[40] Neben der Möglichkeit, das Geschehene im Rahmen einer Psychotherapie zu verarbeiten, muß daher die absolute Notwendigkeit stehen, betroffene Frauen vor erneuter Gewalt zu schützen.

2.3 Vergewaltigung und staatliche Verantwortung

Bei der Erörterung, unter welchen Umständen eine Vergewaltigung zum Fluchtgrund wird, ist die Frage zentral, ob der Heimatstaat Schutz vor sexueller Gewalt bietet.

Dabei steht der Überlegung, unter welchen Umständen eine Vergewaltigung zum Grund wird, den Herkunftsstaat zu verlassen, scheinbar die Tatsache entgegen, daß Vergewaltigungen in nahezu allen Gesellschaften als Gewalttat von Männern gegen Frauen verübt werden. In diesem Sinn erscheint ein Schutz vor Vergewaltigung zunächst als unrealisierbarer Anspruch. Dennoch kann sexuelle Gewalt unter bestimmten Umständen für Frauen einen Grund darstellen, ihr Herkunftsland zu verlassen:

„Doch auch wenn das Machtverhältnis überall ähnlich ist und dieses Machtverhältnis in den meisten Gesellschaften durch die Drohung mit und Ausübung von sexueller Gewalt aufrecht erhalten wird, gibt es wichtige Unterschiede. Diese bestehen zum einen im Ausmaß der Gewalt und [...] darin, ob die Täter Teil der staatlichen Gewalt sind; zum anderen bestehen sie darin, inwieweit der Staat etwas unternimmt, die sexuelle Gewalt zu unterbinden und somit den Frauen eine gewisse Sicherheit zu bieten."[41]

Bei der Analyse der Umstände, die Frauen dazu bewegen können, ihren Heimatstaat zu verlassen, spielen somit verschiedene Fragen eine Rolle: Wird die Vergewaltigung im Heimatstaat geahndet? Wer sind die Täter? Warum geschehen die Vergewaltigungen, unter welchen Umständen gibt es eine erhöhte Gefährdung für Frauen?[42] Anhand einer Betrachtung dieser

---

[40] Lewis Herman 1994, S. 122.

[41] Angela König: Überleben in Gewaltverhältnissen, in: Carola Donner-Reichle/Ludgera Klemp: Frauenwort für Menschenrechte, Saarbrücken 1991, S. 141-171, hier S. 168-169. Künftig zitiert als: König 1990.

[42] Bei der Erörterung von Vergewaltigung besteht, wie generell bei einer Darstellung von Gewalt, die Schwierigkeit, das, was Menschen zugefügt wird, darzustellen, ohne in voyeu-

Faktoren kann etabliert werden, welche unterschiedlichen Formen staatlicher Verantwortung gegenüber sexueller Gewalt bestehen können. Die dabei vorgenommene Kategorisierung ist insofern idealtypisch, als daß sich in der Realität mehrere fluchtauslösende Situationen überlagern können, die hier zu analytischen Zwecken nacheinander beschrieben werden.[43]

2.3.1 Vergewaltigung in Staaten, in denen Ahndungsmöglichkeiten nicht in Anspruch genommen werden können

In verschiedenen Ländern finden Frauen, die Opfer einer Vergewaltigung wurden, keinen staatlichen Schutz. Die Gründe dafür liegen in gesetzlich verankerten oder in kulturell festgeschriebenen Strukturen. In diesen Fällen findet keine Ahndung der Gewalttat durch den Staat statt.

Frauenfeindliche Gesetze

In manchen Staaten sind die Möglichkeiten von Frauen, eine erlittene Vergewaltigung zur Anzeige zu bringen, trotz formal bestehender Gesetze aus verschiedenen Gründen eingeschränkt, wenn nicht gar inexistent. Anstelle einer Ahndung ist eine ungestrafte Wiederholung der Tat oder sogar eine Bestrafung der betroffenen Frau zu befürchten.

---

ristischer oder effekthascherischer Weise die Erlebnisse von betroffenen Frauen zu Argumentationszwecken zu „instrumentalisieren". Trotzdem ist es im Rahmen dieser Arbeit nötig, konkrete Gewalterlebnisse darzustellen, um zu verdeutlichen, vor welchen Situationen Frauen fliehen und in der Bundesrepublik asylrechtlichen Schutz suchen. Dabei soll, was Jan Philipp Reemtsma in bezug auf die Darstellung von Folter schreibt, auch für die Thematisierung von sexueller Gewalt innerhalb dieser Arbeit gelten: „Das individuelle Leid als individuell, nie als „Exempel" zu verstehen, gleichwohl wachzuhalten, daß der Anschlag stets auch weiter zielte, bleibt Aufgabe aller, die das Leid derjenigen, die Opfer der Folter geworden sind, zu mindern suchen." (vgl. Jan Philipp Reemtsma: „Wir sind alles für Dich!", in: ders.: Folter. Zur Analyse eines Herrschaftsmittels, Hamburg 1991, S. 7-24, hier S. 17).
[43] So kann beispielsweise eine tamilische Frau sowohl sexuelle Gewalt durch Vertreter des singhalesischen Staates erleben müssen als auch wegen einer massiven Stigmatisierung durch ihr Umfeld staatliche Ahndungsmöglichkeiten nicht in Anspruch nehmen können.

Am Beispiel der Situation in Pakistan läßt sich verdeutlichen, warum eine Vergewaltigung unter diesen Umständen zum Fluchtgrund werden kann. Dort kam es 1979 durch die herrschende Militärregierung unter General Zia zu einer sog. „Islamisierung" der pakistanischen Gesetze und Rechtsprechung:[44]

„When he failed to fulfill his promise of holding elections, he tried to justify his rule on the grounds that God had given him a special responsibility to turn Pakistan into a truly islamic state."[45]

In der Folge wurden sowohl im Strafrecht als auch in der pakistanischen Verfassung einschneidende Veränderungen vorgenommen. Zudem wurde ein islamischer Bundesgerichtshof etabliert, dem es von nun an oblag, jedes Gesetz, das nicht im Einklang mit islamischen Rechtsvorschriften stand, abzuschaffen.[46] Für die rechtliche Situation von Frauen ist hierbei die den Gesetzesänderungen zugrundeliegende Auffassung von Bedeutung, die Geschlechterunterschiede als „göttlich determiniert" festschreibt und eine postulierte Unterschiedlichkeit der Geschlechter als Grundlage einer notwendigen sozio-moralischen Ordnung begreift.[47] Damit stellte die Änderung von Frauen betreffenden Rechtsvorschriften einen zentralen Aspekt der Islamisierung der pakistanischen Gesetze dar.[48]

---

[44] Vgl. hierzu den Aufsatz von Marie-Aimee Helie-Lucas, die auf die Ähnlichkeit zwischen westlichem und islamisch legitimiertem Fundamentalismus hinweist. „The extreme right movement in the United States or in Europe, with its strong stand against womens rights, is by no means alien to its equivalent in Muslim countries. All types of fundamentalism target women in the name of identity and moral order." (Marie-Aimee Helie-Lucas: Women Living Under Muslim Laws, in: Joanna Kerr (ed.): Ours by Right. Women's Rights as Human Rights, London/Atlantic Highlands 1993, S. 52-65, hier S. 52. Künftig zitiert als: Helie-Lucas 1993.

[45] Rubya Mehdi: The Offence of Rape in the Islamic Law of Pakistan, in: International Journal of the Sociology of Law Nr. 18 (1990), S. 19-29, hier S. 19. Künftig zitiert als: Mehdi 1990.

[46] Vgl. Rashida Patel: Challenges Facing Women in Pakistan, in: Joanna Kerr (ed.): Ours by Right. Women's Rights as Human Rights, London/Atlantic Highlands 1993, S. 32-39, hier S. 32.

[47] Vgl. Shala Haeri: Of Feminism and Fundamentalism in Iran and Pakistan, in: Contention Nr. 3 (1995), S. 129-147, hier S. 129. Künftig zitiert als: Haeri 1995.

[48] Auch wenn die hier beschriebene Situation eine drastische Diskriminierung von Frauen beinhaltet, soll nicht ein stereotypes Bild der „unterdrückten moslemischen Frau" etabliert

Die Umgestaltung des pakistanischen Rechtswesens durch die sog. „Huddod"-Verordnungen führte neben der Einführung islamischer Strafen für das Trinken von Alkohol oder für Diebstahlsdelikte auch zu einer einschneidenden Veränderung in Bezug auf die strafrechtliche Erfassung von Vergewaltigung.[49] Innerhalb dieser Rechtsvorschriften wurde der Tatbestand der „zina" unter Strafe gestellt: Vormals die Bezeichnung für außereheliche Geschlechtsverkehr und Ehebruch, umfaßt der Begriff mit der seit 1979 gültigen Rechtsordnung nun auch den Tatbestand der Vergewaltigung. Die Strafe für jedes dieser „Vergehen" beinhaltet Auspeitschungen und Freiheitsentzug bis zu zehn Jahren.[50]

Die juristische Verknüpfung von Vergewaltigung mit Ehebruch und außerehelichem Geschlechtsverkehr hat in vielen Fällen fatale Konsequenzen für Frauen, die Opfer einer Vergewaltigung wurden. Zunächst ist bei einer Anzeige die Möglichkeit, die Tat zu beweisen, extrem eingeschränkt:

„Proof of rape [...] could be in two forms. First, if the rapist makes a confession before the court. [...] Second, if at least four Muslim adult male witnesses, about whom the court is satisfied [...] that they are truthful persons and abstain from major sins, give evidence as eye-witness of the act of penetration necessary to the offence.[...] It should be noted that women and non-Muslim men are not accepted as witnesses for this purpose."[51]

Die Tatsache, daß vier Männer die Vergewaltigung selbst beobachten und das überdies bei einer Gerichtsverhandlung aussagen müssen, läßt eine Verurteilung wegen einer Vergewaltigung als theoretische Rechtskonstruktion, nicht jedoch als realistische Möglichkeit der Beweisführung erscheinen. Jedoch ist Frauen so nicht nur die Möglichkeit verwehrt, eine Ahndung der ihnen zugefügten sexuellen Gewalt zu erlangen. Vielmehr bedeutet die

---

werden. Vgl. hierzu die differenzierte Darstellung in Haeri 1995. Vgl. auch Gabriele Venzky: Die Bastion Pakistan – im Ansturm der Fundamentalisten, in: Alice Schwarzer (Hrsg.): Krieg. Was Männerwahn anrichtet und wie Frauen Widerstand leisten, Frankfurt/Main 1992, S. 83-91. Beide Aufsätze thematisieren feministischen Widerstand und die Aktivitäten einer progressiven Presse in Pakistan.

[49] Obgleich das Programm Benazir Bhuttos, die von 1988-1996 Premierministerin von Pakistan war, die Abschaffung frauendiskriminierender Gesetze vorsah, kam es während ihrer Regierungszeit zu keinen juristischen Änderungen (vgl. Mehdi 1990, S. 19).

[50] Vgl. Katarina Tomasevski: Women and Human Rights, London/New Jersey 1995, S. 151. Künftig zitiert als: Tomasevski 1995.

[51] Mehdi 1990, S. 22-23.

Verbindung von Vergewaltigung mit den beiden anderen „Vergehen" eine Gefahr für die betroffene Frau: Kann sie bei der Gerichtsverhandlung nicht beweisen, daß eine Vergewaltigung stattgefunden hat, kann ihre eigene Anzeige gegen sie selbst gewendet werden, und sie kann in der Folge selbst wegen „zina" belangt werden.[52] Vor allem Frauen, die durch eine Vergewaltigung schwanger geworden sind, droht diese Gefahr: Können sie nicht beweisen, daß sie Opfer sexueller Gewalt wurden, müssen sie wegen außerehelichem Geschlechtsverkehr oder Ehebruch mit einer Gefängnisstrafe von bis zu zehn Jahren sowie mit Auspeitschung rechnen:[53]

„[...] a thirteeen year old girl became pregnant as the result of rape. Unable to convince the court that rape had occured and since her pregnancy was taken as a proof that sexual intercourse outside marriage had taken place, she was awarded the *tazir* punishment of thirty lashes and three years imprisonment. She gave birth to the child in prison."[54]

Allein in der pakistanischen Provinz Karatschi wurde 1995 in 15 % der Fälle die Klageführerin selbst beschuldigt und zu einer Haftstrafe verurteilt.[55]

---

[52] Vgl. amnesty international: Frauen in Aktion – Frauen in Gefahr. Weltweite Kampagne gegen Menschenrechtsverletzungen an Frauen, Bonn 1995, S. 152. Küftig zitiert als: amnesty international 1995. Der Tabestand der „zina" eröffnet Männern in verhängnisvoller Weise die Möglichkeit, Frauen willkürlich zu beschuldigen und inhaftieren zu lassen: „Ob ein Mädchen den von der Familie ausgesuchten Mann nicht heiraten will, ob eine Frau eine Scheidung verlangt, oder ob ein Hausbesitzer eine Mieterin loszuwerden versucht – wann immer eine Pakistanerin sich der Männerwelt nicht fügt und einer „Lektion" bedarf, kommt der Vorwurf der Unzucht zum Einsatz." (vgl. Der strafbare Wunsch nach Gerechtigkeit, in: Süddeutsche Zeitung, 14.1.1994, S. 3). Der folgende Fall verdeutlicht das Ausmaß männlicher Willkür, das gesetzlich legitimiert ist: „Erst 18 Jahre alt war Parveen, die von ihrem Mann einem Geldverleiher als Pfand gegeben wurde. Da der Mann, der am persischen Golf einen Job hatte, sie dahin nicht mitnehmen konnte, strengte er ein Verfahren wegen Ehebruchs an, was Parveen ins Gefängnis brachte. Als er zum Urlaub nach Pakistan kam, löste er sie mit Hilfe einer Kaution aus, aber nur, solange wie er im Lande war. Weil er dann seine Frau nicht mehr brauchte, wanderte Parveen ins Gefängnis zurück."(vgl. Gabriele Venzky: Der Prophet gab Frauen zwar Rechte..., in: Frankfurter Rundschau, 24.8.1995. Künftig zitiert als: Venzky 1995). Über die Hälfte aller weiblichen Gefangenen in Pakistan sind aufgrund des Vergehens der „zina" inhaftiert.
[53] Vgl. Mehdi 1990, S. 24.
[54] Ebd., S. 26.
[55] Vgl. amnesty international 1995, S. 153.

Die Gefahr, die mit dem Anzeigen einer Vergewaltigung für die betroffene Frau verbunden ist, kann dazu führen, daß Frauen dem Täter über die Tat hinaus ausgeliefert bleiben. Ein Beispiel hierfür bietet der Fall einer pakistanischen Staatsangehörigen, die nach einer Vergewaltigung schließlich in Großbritannien um Asyl bat. Sowohl der Täter als auch sie selbst waren nach der Tat unter dem Verdacht des „außerehelichen Geschlechtsverkehrs" verhaftet worden. Während sie auf Kaution frei waren, sah die Frau, um nicht gerichtlich belangt zu werden, keine andere Möglichkeit, als den Täter zu heiraten. Um einer trotzdem drohenden Strafe zu entgehen, floh sie unter Druck ihres Ehemannes mit ihm nach Großbritannien. Aufgrund immer neuer Mißhandlungen verließ sie ihn und stellte schließlich einen Antrag auf Asyl. [56]

Pakistanische Frauen, die Opfer einer Vergewaltigung wurden, sind somit über die Tat hinaus einer zweifachen Bedrohung ausgesetzt: Aufgrund der beschriebenen Gesetzeslage kann es sein, daß der Täter nicht nur einer Bestrafung entgeht, sondern unter Umständen die Tat wiederholen kann, ohne daß ihm Sanktionen drohen. Zum zweiten ist jede Frau, deren Vergewaltigung bekannt geworden ist, von strafrechtlicher Verfolgung bedroht. In beiden Fällen können die beschriebenen Umstände dazu führen, daß Frauen sich gezwungen sehen, ihren Heimatstaat zu verlassen.

Soziale Stigmatisierung

Auch kulturell verankerte Haltungen gegenüber Vergewaltigungsopfern können dazu führen, daß Frauen sich nach einer Vergewaltigung gezwungen sehen, aus ihrer Heimat zu fliehen. Die Beispiele für Länder und Regionen, in denen Vergewaltigung mit einer massiven Stigmatisierung des Opfers einhergeht, sind vielfältig.[57]

---

[56] Vgl. Dutch Refugee Council (ed.): Female Asylum Seekers. A Comparative Study Concerning Policy and Jurisprudence in The Netherlands, Germany, France, The United Kingdom also Dealing Summarily with Belgium and Canada, Amsterdam 1994, S. 80. Künftig zitiert als: Dutch Refugee Council 1994.
Wie gering die Ahndungsmöglichkeiten bei einer Vergewaltigung in Pakistan sind, wird daran deutlich, daß auch feministische Anwältinnen betroffenen Frauen häufig davon abraten, die erlittene sexuelle Gewalt zur Anzeige zu bringen (vgl. Venzky 1995).
[57] Es soll an dieser Stelle jedoch darauf hingewiesen werden, daß auch in Europa und Nordamerika Vergewaltigungsopfer in vielen Fällen mit sozialer Stigmatisierung und frau-

Eritrea kann als ein Beispiel gelten, wo formal bestehende Gesetze, die Vergewaltigung unter Strafe stellen, nicht verhindern können, daß gesellschaftliche Traditionen und Haltungen zu einer Diskriminierung von Vergewaltigungsopfern führen. Hierbei ist der gesellschaftliche Umgang mit Vergewaltigung von einer Sichtweise geprägt, die Frauen als Besitz des Mannes und als Trägerin der Familienehre, nicht jedoch als eigenständige Person begreift. So muß auch nach traditionellem Recht nach dem Bekanntwerden einer Vergewaltigung der Täter eine finanzielle Entschädigung an die Familie des Opfers und nicht an die Frau selbst zahlen.[58] Darüberhinaus kann das Bekanntwerden einer Vergewaltigung fatale Konsequenzen für die betroffene Frau haben:

„Wenn die anderen es herausfinden, ist ihr Leben ruiniert. Das beste, was sie erwarten kann, ist mit einem alten Mann verheiratet zu werden oder für einen Witwer mit vielen Kindern zu arbeiten."[59]

Auch droht der betroffenen Frau, um die „Schande zu tilgen", die zwangsweise Verheiratung mit dem Täter:

„Sie sagen bei uns, daß Vergewaltigung die Schuld des Mannes ist. Aber dennoch, in der Realität ist Vergewaltigung eine Schande für das Mädchen. Sie ist keine Jungfrau mehr. Die Eltern werden versuchen durchzusetzen, daß der Vergewaltiger das Mädchen heiratet [...]."[60]

Für viele Frauen bedeutet das Bekanntwerden einer Vergewaltigung eine so starke Stigmatisierung, daß keine soziale Lebensgrundlage mehr vorhanden

---

enfeindlichem Verhalten von Polizei und Justizbehörden konfrontiert sind. Die große Menge an feministischer Literatur, die zu dieser Problematik existiert, dokumentiert, daß der gesellschaftliche Umgang mit Vergewaltigungsopfern der Situation der Betroffenen häufig nicht gerecht wird. Vgl. hierzu: Lisa Frohmann: Discrediting Victims' Allegations of Sexual Assault: Prosecutorial Accounts of Case Rejections, in: Patricia Searles/Ronald J. Berger (ed.): Rape & Society. Readings on the Problem of Sexual Assault, Boulder/San Francisco/Oxford, 1995, S. 199-214. Auch in den westlichen Staaten ist nach einer Vergewaltigung die Unterstützung durch den Freund oder Ehemann nicht selbstverständlich. Colleen A. Ward schreibt: „In fact, sexual violence puts a general and severe strain on intimate relationships. Crenshaw [...] estimated that between 50-80 % of raped women lose husbands or boyfriends after sexual assault." (vgl. Ward 1995, S. 27).

[58] Vgl. König 1990, S. 160.

[59] Zitiert nach: ebd.

[60] Zitiert nach: ebd.

ist. So kommt es beispielsweise in Indien häufig durch die Haltung der Familie des Opfers, die die Vergewaltigung als Verunreinigung und Schande interpretiert, zu einer Verurteilung von Vergewaltigungsopfern, die unter Umständen sogar mit einer akuten Bedrohung für die betroffene Frau verbunden ist:

„Die Familie straft vergewaltigte Frauen noch einmal, und zwar durch die Beseitigung der Schande: früher nicht selten durch Mord, heute durch Verstoßen."[61]

Schätzungen zufolge sind 80% der in Indien als Prostituierte arbeitenden Frauen Vergewaltigungsopfer, denen nach dem Bekanntwerden der Tat keine andere materielle Existenzmöglichkeit blieb.[62]

Auch die Haltung der tamilischen Gesellschaft gegenüber Vergewaltigungsopfern stellt eine extreme Form kulturell verankerter Stigmatisierung dar. Die Grundlage dafür bilden im Hinduismus begründete und in der tamilischen Gesellschaft kulturell verankerte Vorstellungen von der sozialen Bedeutung von Weiblichkeit. Auch hier gilt eine Vergewaltigung als größtmögliche Schande für den Ehemann und die Familie des Opfers. In der Konsequenz wird sexuelle Gewalt nicht als Verbrechen gegen die Frau selbst, sondern als Angriff auf die Familienehre interpretiert. Diese Funktionalisierung von Frauen, die Nicht-Wahrnehmung der Frau als eigenständiger Person, führt in fataler Weise zu einer an die betroffene Frau gerichteten Erwartung, „die Schande zu tilgen":

„Die traditionelle tamilische Gesellschaft erwartet [...], daß eine vergewaltigte Frau Selbstmord begeht, um die Schande von sich und vor allem ihrem Mann zu nehmen. [...] Es hat bereits zahlreiche Selbstmorde unter Tamilinnen gegeben."[63]

Die beschriebenen gesellschaftlichen Haltungen verdeutlichen, warum eine Vergewaltigung für Frauen zu einem Grund werden kann, ihre Heimat zu verlassen:

„Einen Monat später wurde mir klar, daß ich schwanger war. Ich empfand ein solches Gefühl der Scham, daß ich den anderen Dorfbewohnern nicht mehr ins Auge blicken konnte

---

[61] Christa Wichterich: Stree Shakti. Frauen in Indien: Von der Stärke der Schwachen. Bornheim-Merten 1986, S. 81. Künftig zitiert als: Wichterich 1986.
[62] Vgl. ebd.
[63] Tessa Hofmann: Tamilinnen sind doppelte Opfer, in: Kathrin Moussa-Karlen/Elisabeth Bauer: Wenn Frauen flüchten, Bern/Zürich 1988, S. 10-12, hier S. 10. Künftig zitiert als: Hofmann 1988.

und mich Anfang 1991 entschied, Bhutan zu verlassen. [...] Ich ging in den Dschungel und hoffte dort zu sterben...." [64]

So wird eine Vergewaltigung zum Fluchtgrund, wenn staatliche Gesetze faktisch die Ahndung der Tat verhindern und dazu beitragen, daß Frauen der Gefahr ungeahndeter Vergewaltigung weiterhin ausgesetzt sind oder sogar durch die bestehenden staatlichen Gesetze selbst bestraft werden. Im zweiten Fall sind es „kulturelle Gesetze", die jenseits der Existenz formal bestehender Rechtsvorschriften in der Realität den gesellschaftlichen Umgang mit Vergewaltigung bestimmen und die eine Ahndung der Tat verhindern und stattdessen die betroffene Frau stigmatisieren und somit „bestrafen".

In beiden Fällen kann oder will der Heimatstaat nicht die Ahndung des Verbrechens übernehmen. Die betroffene Frau ist so nicht nur nicht vor erneuter Vergewaltigung geschützt, sondern es droht ihr über die Gefahr erneuter sexueller Übergriffe hinaus soziale Stigmatisierung, Freiheitsentzug oder gar der Tod.

2.3.2 Vergewaltigung durch staatliche Amtsträger

Vergewaltigungen durch staatliche Amtsträger kommen in vielen Situationen vor und stellen aufgrund der Stellung der Täter eine besondere Bedrohung für Frauen dar. In diesen Fällen kann staatlicher Schutz nicht in Anspruch genommen werden, da die Täter die Staatsmacht repräsentieren.

Die Beispiele für Vergewaltigung unter diesen Umständen sind vielfältig. Den Hintergrund bilden dabei nicht nur innerstaatliche Konfliktsituationen:

„In vielen Ländern sind Polizei und Sicherheitsapparat von Vergewaltigern durchsetzt. [...] In den Country Reports [des U.S. State Departments] wird das ausdrücklich betont bei Guyana, Indien und Pakistan. Im Länderbericht zu Marokko ist die Rede von einem „disturbing record of systematic rape and assault by security forces." [65]

Fälle wie der einer jungen Frau, die von einem Polizisten in Delhi wegen „dubiosen Verhaltens" willkürlich verhaftet und von ihm vergewaltigt wur-

---

[64] amnesty international 1995, S. 138.
[65] Krell/Wölte 1995, S. 8.

de, sind keine Einzelfälle, sondern verdeutlichen in exemplarischer Weise, daß in Indien Vergewaltigungen durch Polizeibeamte ein strukturelles Problem darstellen:[66]

„In den zurückliegenden Jahren sind in Indien Hunderte Vergewaltigungsfälle publik geworden, doch bilden Schuldsprüche gegen Angehörige der Polizei [...] noch immer die Ausnahme."[67]

Frauen, die unterprivilegierten gesellschaftlichen Gruppen angehören, sind in Indien besonders durch sexuelle Gewalt seitens der Polizei gefährdet. Weibliche Angehörige der „delits" und „adivasis", amtlich registrierter Kasten und Stämme, die eine ähnlich diskriminierte Gruppe wie die der Sinti und Roma in vielen Ländern Europas darstellen, werden besonders häufig Opfer von sexuellen Übergriffen durch Polizeibeamte:

„Die an ihnen begangenen Verbrechen reichen von Vergewaltigung bis hin zu entwürdigender Behandlung, indem man sie zwingt, sich in aller Öffentlichkeit nackt zur Schau zu stellen."[68]

Frauen und Mädchen, die mit der Polizei in Kontakt kommen, sind besonders gefährdet, vergewaltigt zu werden: Als exemplarisch kann der Fall einer 17jährigen betrachtet werden, die nach einer Vernehmung wegen einer Straftat, die ein Verwandter begangen haben sollte, von Polizisten vergewaltigt wurde:

„Nach der Vernehmung, so die junge Frau, sei sie in einen Kuhstall gezerrt und dort über mehrerer Stunden hinweg von fünf Polizeibeamten vergewaltigt worden."[69]

Obwohl die Familie des Mädchens die Täter anzeigte, kam es zu keiner Strafverfolgung:

„Schutz können weder diese noch andere Frauen von den staatlichen Hütern von Gesetz und Ordnung erwarten. Im Gegenteil: Sie nutzen ihre Macht und die Wehrlosigkeit der Frauen erbarmungslos aus."[70]

---

[66] Vgl. ebd.
[67] Ebd.
[68] amnesty international 1995, S. 165.
[69] Ebd.
[70] Wichterich 1986, S. 80.

Aus Rumänien ist bekannt, daß im Zuge von Vertreibungen von Roma-Gemeinschaften aus Dörfern Männer aus der Bevölkerung und Polizisten gemeinsam Roma-Frauen vergewaltigten.[71] Ein solcher Verlauf, bei dem es in der Regel zu keinerlei Ahndung des Verbrechens kommt, ist nicht nur in den bereits erwähnten Ländern die Regel:

„Auch andernorts lassen Regierungen konsequente Maßnahmen zur Ahndung und Verhinderung von Vergewaltigung vermissen. Meist finden nicht einmal Ermittlungen statt, geschweigedenn, daß die für derartige Verbrechen Verantwortlichen zur Rechenschaft gezogen werden."[72]

In vielen Staaten stellen Vergewaltigungen durch Armeeangehörige eine alltägliche Bedrohung für Frauen und Mädchen dar. So floh eine mauretanische Staatsangehörige nach Frankreich, nachdem sie wiederholt von in ihrem Heimatdorf stationierten Soldaten vergewaltigt worden war.[73]

Auch in Äthiopien kam es während des Konflikts um die Unabhängigkeit Eritreas immer wieder zu Vergewaltigungen von eritreischen Frauen durch äthiopische Armeeangehörige.[74] Aus Berichten von Flüchtlingen wird deutlich, daß die Frauen und Mädchen der Willkür der Soldaten häufig hilflos ausgeliefert waren:

„Am schlimmsten sind die Soldaten. Wenn ihnen ein Mädchen gefällt, zwingen sie es mit der Pistole, mit ihnen zu gehen. Weigert es sich, wird es erschossen. Niemand wehrt sich, alle haben Angst."[75]

Die Macht, die die Sicherheitskräfte vor dem Hintergrund bestimmter politischer Konflikte haben, und die Willkür, mit der sie vorgehen können, führt häufig dazu, daß Frauen in bestimmten Regionen permanent mit einer Vergewaltigung durch Soldaten oder Polizisten rechnen müssen:

---

[71] Vgl. Roma tragen Spuren von Folter, in: Frankfurter Rundschau, 14.6.1993, S. 2.
[72] amnesty international 1995, S. 140.
[73] Vgl. Dutch Refugee Council 1994, S. 66.
[74] Vgl. Monika Schuckar: Lebensbedingungen, Widerstand und Verfolgung von Frauen während des eritreischen Unabhängigkeitskampfes, in: Monika Schuckar/Martina Schöttes (Hrsg.): Frauen auf der Flucht, Bd. 1: Leben unter politischen Gewaltverhältnissen. Chile, Eritrea, Iran, Libanon, Sri Lanka, Berlin 1994, S. 101-156, hier S. 138ff.
[75] Zitiert nach: ebd., S. 139.

„In Quiche Province [in Guatemala], it has been reported that the army's practice of raping young women has been so widespread that it is nearly impossible to find women [...] who have not been subjected to sexual assault by the army."[76]

Auch in Peru sind Vergewaltigungen durch Angehörige des Militärs in bestimmten Regionen des Landes die Regel. Möglichkeiten der Ahndung gibt es in dieser Situation generell nicht:

„Women who are sexually abused by men associated with the Armed Forces cannot call for help, cannot press for charges, cannot demand justice, cannot find refuge, for any act of resistance becomes a threat to existence."[77]

Wie willkürlich Armeeangehörige dabei in bestimmten Situationen vorgehen können, verdeutlichen die Umstände von Vergewaltigungen durch Soldaten während der argentinischen Militärdiktatur:

„Bored junior officers [...] would cruise the streets looking for pretty young women to sequester and take back to the camp to rape, torture and kill." [78]

In anderen Fällen werden Frauen von staatlichen Funktionsträgern vergewaltigt, die damit drohen, die Frau bei Widerstand als Kriminelle oder politische Oppositionelle zu diffamieren:

„Olympia Lazos-Majano, a domestic worker, was repeatedly sexually assaulted by her employer, Rene Zuniga, a low-ranking member of the *Fuerza Armada*, the Salvadoran military. On the first occasion, he assaulted her at gunpoint. On other occasions, he held hand grenades to her forehead, threatening to explode them if she resisted his advances. [...] he told her on several occasions that he could do whatever he wanted to her with impudity, since no one would get ‚involved' with a member of the armed forces. He also asserted that he could avoid punishment for his actions against her by denouncing her as a subversive."[79]

Auch eine Vergewaltigung durch staatliche Funktionsträger als „Strafe" für die Weigerung, sexuelle Kontakte zu haben, kann zu einem Fluchtgrund für Frauen werden. So stellte eine Rumänin aufgrund einer Vergewaltigung

---

[76] Caro Hollander 1996, S. 62.

[77] Adrianne Aron: The Gender-Specific Terror of El Salvador and Guatemala, in: Women's Studies International Forum 1-2 (1991), S. 37-47, hier S. 41. Künftig zitiert als: Aron 1991.

[78] Caro Hollander 1996, S. 63.

[79] Jacqueline R. Castel: Rape, Sexual Assault and the Meaning of Persecution, in: International Journal of Refugee Law 1 (1992), S. 39-56, hier S. 42.

durch den Bürgermeister ihres Heimatdorfes einen Asylantrag in der Bundesrepublik. Die Frau war während des Ceaucescu-Regimes von dem Mann vergewaltigt worden, nachdem sie sich während eines Vorstellungsgesprächs gegen seine sexuellen Übergriffe zur Wehr gesetzt hatte:

„Sie habe sein Ansinnen entsetzt und empört zurückgewiesen. Es sei zu einem heftigen Wortwechsel gekommen. Der Bürgermeister habe dann noch zwei Männer hinzugerufen, die ihm geholfen hätten, sie zu bändigen. Sie sei mit Gewalt am Schreien gehindert und verschleppt worden. Man habe sie in C. in eine konspirative Wohnung der Securitate geschleppt. Dort sei sie zwei Wochen lang festgehalten und mit Gewalt gezwungen worden, allen drei Männern nachzugeben. [...] Nach Ablauf der zwei Wochen habe man sie in einem total verwahrlosten und schwerkranken Zustand auf die Straße gelegt.“[80]

Häufig werden Frauen gezwungen, als Prostituierte für die Armee zu arbeiten. Aus Angola ist ein Fall bekannt, bei dem eine Frau, die als Reinigungskraft für die Armee arbeitete, nach ihrer Weigerung, in einem Militärbordell zu arbeiten, inhaftiert und während ihrer Haft gefoltert und vergewaltigt wurde. Nachdem ein Offizier ihr zur Flucht verhalf, konnte sie nach Frankreich fliehen.[81]

Vergewaltigungen durch Amtsträger können auch dann zur Bedrohung werden, wenn Frauen sich gezwungen sehen, in einen anderen Staat zu fliehen, und es durch dessen staatliche Vertreter zu sexueller Gewalt kommt. So sind Flüchtlingsfrauen aus Somalia und Äthiopien in Djibouti von Vergewaltigungen durch Grenzsoldaten bedroht:

„Die Grenzsoldaten trennen Frauen und Mädchen von den Männern, angeblich, um sie zu ‚verhören'. Danach werden sie ausnahmslos vergewaltigt, manchmal auch von Mann zu Mann weitergereicht. Die Grenzsoldaten halten ihre Opfer oft Tage oder sogar Wochen in ihren isoliert gelegenen Grenzposten fest.“[82]

Auch hier kommt es dabei häufig zu sexueller Erpressung, sei es, daß den betroffenen Frauen bei Widerstand die Rückschiebung in ihre Heimat angedroht wird, oder daß Männer Frauen ihren „Schutz" vor Vergewaltigungen durch andere Soldaten anbieten, wenn sie bereit sind mit ihnen zusammen-

---

[80] Terre des Femmes-Rundbrief, 4 (1993), S. 10.
[81] Vgl. Dutch Refugee Council 1994, S. 65.
[82] Roberta Aitchison: Flüchtlingsfrauen in Djibouti, in Robin Schneider: Zum Beispiel Flüchtlinge, Göttingen 1992, S. 35-40, hier S. 35.

zuleben: „Sie betonen dabei, daß die Frauen ja ohnehin bereits beschmutzt seien und nichts mehr zu verlieren hätten."[83]

Täter, die Mitglied der Sicherheitskräfte sind, agieren dabei in dem Wissen, daß sie im Regelfall nicht belangt werden:

> „Eine junge Fabrikarbeiterin aus dem indonesischen Ostjava berichtete, von einem Soldaten vergewaltigt worden zu sein, der sich anschließend ihr gegenüber großspurig äußerte: ‚Geh doch und meld uns dem Kommandanten. Er wird nichts unternehmen. Es ist unser gutes Recht!'"[84]

Die beschriebene Gefährdung durch sexuelle Gewalt besteht in Situationen, in denen Vergewaltigungen durch Amtsträger weder zielgerichtet noch als Mittel in einem politischen Konflikt erfolgen. Vergewaltigungen durch Sicherheitskräfte oder Militärangehörige sind häufig vielmehr vor allem darin begründet, daß die Täter aufgrund ihrer Position dieses Verbrechen begehen können, ohne Sanktionen befürchten zu müssen.[85]

Die Macht des Täters und die Ohnmacht des Opfers als Charakteristikum der Brutalität einer Vergewaltigung spiegelt sich in extremer Weise in Situationen, in denen staatlicher Schutz nicht einzufordern ist, da der oder die Täter die Staatsmacht repräsentieren und so für die Frauen keine Möglichkeit besteht, eine Ahndung der Tat und Schutz vor weiterer Gewalt einzufordern. Die Willkür, mit der Vergewaltigungen in dieser Situation verübt werden können und auch verübt werden, setzt Frauen einer konstanten Bedrohung aus und kann dazu führen, daß sie sich gezwungen sehen, ihren Heimatstaat zu verlassen.

---

[83] Ebd.

[84] amnesty international 1995, S. 137.

[85] Die Tatsache, daß die Bereitschaft von Männern, sexuelle Gewalt anzuwenden, mit dem Wissen steigt, daß sie nicht dafür belangt werden, belegt eine US-amerikanische Untersuchung: Bei einer Befragung von College-Studenten, unter welchen Umständen sie eine Frau vergewaltigen würden, gaben 30 % an, daß sie sexuelle Gewalt anwenden würden, wenn sie keine rechtlichen Sanktionen zu befürchten hätten (vgl. Heiliger/Engelfried 1995, S. 54).

2.3.3 Vergewaltigung in innerstaatlichen Konflikten[86]

Neben dem willkürlichen Machtmißbrauch durch staatliche Amtsträger werden Frauen häufig auch aufgrund eigener – angenommener oder tatsächlicher – politischer Betätigung oder der eines männlichen Familienmitglieds Opfer sexueller Gewalt. Dabei ist, da die Vergewaltigungen „zielgerichtet" erfolgen und die Täter Vertreter des Staates sind, der eigene Staat für die sexuelle Gewalt verantwortlich.

Den Hintergrund für diese Situation bilden Nationalitätenkonflikte oder Konflikte zwischen Staatsmacht und politischer Opposition.

Staaten mit Nationalitätenkonflikten

In nahezu allen Staaten mit Nationalitätenkonflikten sind Vergewaltigungen von Frauen durch Armee und Polizei die Regel. So kommt es zum Beispiel in der Provinz Kaschmir immer wieder zu systematischen Vergewaltigungen durch die indischen Sicherheitskräfte, die von der indischen Regierung ebenso systematisch geleugnet werden.[87]

---

[86] In diesem Kapitel werden Situationen beschrieben, in denen Vergewaltigungen ein Repressionsmittel in einem innerstaatlichen politischen Konflikt darstellen. Eine Abgrenzung zu bewaffneten Konflikten kann häufig nicht eindeutig getroffen werden, da viele Konflikte wie z.B. in der Türkei, in Sri Lanka oder auch in einigen lateinamerikanischen Ländern zum Teil auch mit militärischen Mitteln ausgetragen werden. Da es in diesem Kapitel um das Aufzeigen verschiedener Formen staatlicher Verantwortung gegenüber Vergewaltigung geht, wird die Abgrenzung zwischen Kapitel 2.3.3: Vergewaltigung in innerstaatlichen Koflikten und Kapitel 2.3.4: Vergewaltigung in Krieg und Bürgerkrieg, anhand der Frage vollzogen, ob eine Staatsmacht für Menschenrechtsverletzungen verantwortlich ist oder diese duldet, oder ob die sexuelle Gewalt vor dem Hintergrund des Zusammenbruchs der staatlichen Strukturen stattfindet.
Insgesamt weist dieses Thema auf das Problem hin, „Krieg" zu definieren. So wird eine Situation, die für die Zivilbevölkerung den ganzen Schrecken eines kriegerischen Konflikts mit sich bringt, häufig aufgrund formaler völkerrechtlicher Definitionen nicht als Krieg bezeichnet. In der feministischen Forschung wird dementsprechend darauf hingewiesen, daß schon alleine der Prozeß der Militarisierung in einem Land oder einer Region häufig ein erhöhtes Vorkommen von Menschenrechtsverletzungen – nicht nur gegen Frauen – beinhaltet. Vgl. hierzu: Hilary McCollum/Liz Kelly/Jill Radford: Wars against Women, in: Trouble and Strife, 28 (1994), S. 12-18, hier S. 16f.
[87] Vgl. amnesty international 1995, S. 34.

In vielen Fällen werden Frauen zuhause von Angehörigen der Polizei oder Armee überfallen. Den Hintergrund bildet häufig eine – oft nur unterstellte – politische Betätigung des Ehemannes. Ein Beispiel hierfür bilden Übergriffe der türkischen Sicherheitskräfte gegen die kurdische Bevölkerung. So berichtete eine Kurdin, daß sie vor ihrer Flucht nach Deutschland von mehreren türkischen Soldaten zuhause überfallen worden war. Sie wurde mit einer heißen Eisenstange gefoltert und danach von allen anwesenden Männern vergewaltigt.[88]

In der nach Unabhängigkeit strebenden serbischen Provinz Kosovo sind Übergriffe durch die serbische Polizei gegen die albanische Bevölkerung ebenfalls an der Tagesordnung.

„Eine breit angelegte Verhaftungswelle, die Aushöhlung jeglicher Rechtssicherheit, die Unterdrückung der politischen Meinungsäußerung sowie alltägliche Diskriminierungen in nahezu allen Bereichen des gesellschaftlichen Lebens"[89]

charakterisieren die Situation der albanische Bevölkerung. Dabei werden albanische Frauen häufig zuhause von serbischen Polizeibeamten überfallen. Eine albanische Frau berichtete, daß die Männer zuerst ihre Wohnung verwüsteten und sie dann in Anwesenheit ihrer Tochter vergewaltigten. Die Beamten drohten ihr, daß, wenn ihr Mann sich nicht bei der Polizei melden würde, sie sie verhaften würden.[90]

Im Konflikt zwischen dem srilankanischen Staat und der tamilischen Bevölkerung sind Vergewaltigungen durch Polizei und Armee mit die größte Bedrohung für tamilische Frauen und Mädchen. Vergewaltigungen kommen häufig vor, wenn von den Tätern eine politische Betätigung der Opfer unterstellt wird. Der srilankanische Staat geht dabei besonders brutal gegen Frauen vor:

„Ich muß zuerst erklären, was es bedeutet, wenn die Polizei kommt. 'Die Polizei kommt' bedeutet, sie kommen, um die Frauen zu vergewaltigen. Sie werden alles mit dieser Frau

---

[88] Diese Schilderung basiert auf einem Anhörungsprotokoll des Bundesamtes zur Anerkennung ausländischer Flüchtlinge, das der Verfasserin lediglich zum internen Gebrauch vorlag.

[89] Jürgen Feldhoff, Flucht ins Asyl? Untersuchungen zur Fluchtmotivation, Sozialstruktur und Lebenssituation ausländischer Flüchtlinge in Bielefeld, Bielefeld 1991, S. 63.

[90] Diese Schilderung basiert auf einem Anhörungsprotokoll des Bundesamtes für die Anerkennung ausländischer Flüchtlinge, das der Verfasserin lediglich zum internen Gebrauch vorlag.

tun, sie werden sie in ihre Lager bringen; in diesen Lagern werden sie sie weiterhin nackt lassen und sie wird dort bleiben müssen, ohne Kleider."[91]

In anderen Fällen werden Frauen auch hier wegen des politischen Engagements ihres Ehemannes sexuell mißhandelt:

„Offenbar durch die Aussage eines gefangenen PLOTE-Genossen [People´s Liberation Organisation of Tamil Ealam] wurde der Mann von Frau A. dann Ende 1984 von der Armee gesucht. Da er untergetaucht war, hielten sich die Soldaten, die die Suchaktion durchführten, an der damals im 3. Monat schwangeren Frau A. 'schadlos', die von drei Soldaten vergewaltigt wurde und anschließend ihr Kind verlor."[92]

Konflikte zwischen Staatsmacht und politischer Opposition

In Konfliktsituationen zwischen Oppositionskräften und der Staatsmacht sind Frauen einer besonderen Gefahr ausgesetzt, sexuell mißhandelt und vergewaltigt zu werden, sei es, daß sie selbst wegen politischer Aktivitäten beschuldigt werden oder anstelle ihrer Ehemänner, Brüder oder Väter inhaftiert werden. In anderen Fällen werden Frauen Opfer von sexueller Gewalt durch Mitglieder von Oppositionsbewegungen. In diesen Situationen ist der Staat entweder selbst für die sexuelle Gewalt verantwortlich, oder bestehende Gesetze zur Ahndung von Vergewaltigung werden nicht angewendet, so daß eine Duldung der sexuellen Gewalt stattfindet.

Auf Haiti kam es im Zuge des Konflikts zwischen der demokratischen Regierung Präsident Aristides und dem Militär zu einem deutlichen Anstieg von Vergewaltigungen durch die Sicherheitskräfte. Die politische Intention der Vergewaltigungen wird durch die Tatsache deutlich, daß vor allem Bewohnerinnen der städtischen Armenviertel Opfer sexueller Gewalt wurden. Hier war die Unterstützung für Aristide traditionell am höchsten.[93]

Sexuelle Gewalt im Gefängnis stellt in vielen Staaten eine Bedrohung für Frauen dar, die wegen politischer Aktivitäten inhaftiert sind. Auch im Iran wird Vergewaltigung als Mittel gegen politische Gegnerinnen einge-

---

[91] Petra Schaaf/Helmut Essinger/Michael Preuß: Leben in Angst und Bedrohung; oder: Die Zerstörung der weiblichen Identität, in: Abraham Ashkenasi (Hrsg.): Das weltweite Flüchtlingsproblem. Sozialwissenschaftliche Versuche der Annäherung, Bremen 1988, S. 312-322, hier S. 313.
[92] Hofmann 1988, S. 12.
[93] Vgl. amnesty international 1995, S. 37.

setzt. Dort sind nicht nur Frauen in Haft, die sich in Rahmen von Oppositionsgruppen politisch betätigt haben, sondern auch unzählige Frauen, die gegen die islamischen Gesetze verstoßen haben oder wegen „unmoralischen Verhaltens" festgenommen wurden, beispielsweise weil sie nicht vollständig verhüllt waren, sich schminkten oder Kontakt zu Männern außerhalb ihrer Familie hatten, gelten als Oppositionelle.[94] Im Gefängnis sind die Frauen der ganzen Brutalität und Willkür der Polizisten und Wärter ausgesetzt:

> „Die Situation der politisch aktiven Frauen ist völlig rechtlos. Diejenigen, die erwischt werden, sind nach dem Gesetz der Islamischen Republik als Kriegsbeute zu betrachten. Sie werden geschlagen, mißhandelt und vergewaltigt, und sie können hingerichtet werden. Dies geschieht meist heimlich, ohne jegliche Nachricht an die Angehörigen."[95]

Auch ist es in iranischen Gefängnissen üblich, zum Tode verurteilte Frauen, die noch keinen Geschlechtsverkehr hatten, vor der Hinrichtung mit einem Wärter „zwangszuverheiraten": Da nach islamischem Recht eine Jungfrau nicht hingerichtet werden darf, werden Frauen vor ihrer Ermordung vergewaltigt.[96]

Als Beispiel für Konflikte zwischen Staatsmacht und im Rahmen von Guerilla-Bewegungen agierenden Oppositionskräften in vielen lateinamerikanischen Ländern kann die Situation in Guatemala gelten. Dort kommt es im Konflikt zwischen dem Militär und der oppositionellen Guerilla-Bewegung immer wieder zu schweren Menschenrechtsverletzungen.[97] In

---

[94] Vgl. [ohne Verf.]: Fluchtgründe iranischer Frauen, in: Internationaler Sozialdienst (Hrsg.): Flüchtlingsfrauen in der Bundesrepublik Deutschland, Dokumentation einer Fachtagung des Internationalen Sozialdienstesvom 17. - 19. März 1986 in Frankfurt am Main, Frankfurt/Main 1986, S. 30-46, hier S. 33. Künftig zitiert als: Fluchtgründe iranischer Frauen 1986.

[95] Helga Jockenhövel-Schiecke: Verfolgung, Flucht und das Leben in einem fremden Land: Frauen als Flüchtlinge in der Bundesrepublik, in: Internationaler Sozialdienst (Hrsg.): Flüchtlingsfrauen in der Bundesrepublik, Dokumentation einer Fachtagung des Internationalen Sozialdienstes vom 17. - 19. März 1986 in Frankfurt am Main, Frankfurt/Main 1986, S. 10-28, hier S. 15.

[96] Fluchtgründe iranischer Frauen, S. 33. Die Zahl der Verhaftungen von Frauen stieg seit der islamischen Revolution Anfang der 1980er Jahre so stark an, daß mehrere neue Frauengefängnisse gebaut werden mußten (vgl. ebd.).

[97] Vgl. UNHCR – Der Hohe Flüchtlingskommissar der Vereinten Nationen: Zur Lage der Flüchtlinge in der Welt. UNHCR-Report 1995/96, Bonn 1996, S. 164.

geheimen Haftzentren werden auch Frauen wegen ihres oppositionellen politischen oder gewerkschaftlichen Engagements gefangengehalten und sexuell mißhandelt.[98] Auch im Konflikt zwischen der Guerilla-Bewegung und dem salvadorianischen Staat wurden Frauen in Haft immer wieder Opfer von Vergewaltigungen durch die Armee:

„ [...] they blindfolded me and took me up to the military post ‚San Carlos'. [...] The night of my capture, I was raped ten times, but I don't know if there were ten men or less than that, because I was blindfolded and couldn't see the soldiers. When they came into the room they warned me not to say anything and not to scream. Then one of them grabbed me and held me still while the other abused me [...]."[99]

Zugleich sind in vielen Konflikten Frauen sowohl durch staatliche Gewalt als auch durch Übergriffe der Opposition bedroht: So wurden Frauen beispielsweise im Konflikt zwischen der peruanischen Regierung und der Guerilla-Bewegung „Leuchtender Pfad" auch häufig von Mitgliedern der Oppositionsbewegung vergewaltigt.[100]

Auch in Zaire wurden immer wieder Frauen wegen ihrer Opposition gegen das Mobutu-Regime verhaftet. So wurde im Oktober 1994 die Vorsitzende der Müttersektion der Oppositionspartei PDSC nach einer gegen den Diktator Mobutu gerichteten Demonstration ins Gefängnis der Sicherheitspolizei gebracht:

„Dann schlugen sie mich, bis ich ohnmächtig wurde. Sie gossen mir Wasser ins Gesicht, damit ich aufwachte und warfen mich in einen Raum, wo schon andere Frauen waren: Sie sagten mir, ich solle nur warten, bis die Nacht komme. Am nächsten Morgen waren wir nur noch zehn – drei Frauen hatten die Soldaten umgebracht. Wir wurden geschlagen und vergewaltigt."[101]

Aus der von 1979 bis 1990 andauernden chilenischen Militärdiktatur ist bekannt, daß alle weiblichen Gefangenen nach ihrer Ankunft im Gefängnis

---

[98] Vgl. amnesty international: Vergewaltigung und sexueller Mißbrauch: Folter und Mißhandlungen von Frauen in Haft, Bonn 1992, S. 5-6. Künftig zitiert als: amnesty international 1992.

[99] Zitiert nach: Aron 1991, S. 38f.

[100] Vgl. Renate Wilke-Launer/Barbara Erbe: Gewalt gegen Frauen – der alltägliche Skandal, in: der überblick 2 (1993), S. 8-11, hier S. 9.

[101] Zitiert nach: Günter Burkhardt: Der Einzelfall zählt, in: Pro Asyl, Tag des Flüchtlings 1996. Der Einzelfall zählt, Frankfurt 1996, S. 11-12, hier S. 11.

vergewaltigt wurden.[102] Die Form, in der die Vergewaltigungen durch die Mitglieder des Geheimdienstes DINA stattfanden, zeigt deutlich, daß Vergewaltigung in Haft sowohl willkürlich als auch als Teil der systematisch betriebenen Foltermethoden angewandt wird:

„Zum Jahreswechsel [...] feierten die DINA-Offiziere zu Hause bei ihren Familien und überließen die fast 150 ‚verschwundenen' Gefangenen der Villa Grimaldi den wachhabenden Unteroffizieren. Diese vergewaltigten etwa 20 weibliche Gefangene und hätten, da sie nackt waren, einen Massenausbruch auslösen können, denn eine Gefangene wäre beinahe in den Besitz einer Maschinenpistole gelangt. Wegen dieses Sicherheitsrisikos verbot die DINA spontane Vergewaltigungen – die systematischen durch die Offiziere gingen weiter."[103]

So sind Vergewaltigungen von Frauen in Haft häufig Teil von Folter, die nicht „spontan" geschieht, sondern geplant, organisiert und systematisch betrieben wird.[104] Dabei sind Folterhandlungen oft ein Bestandteil der Ausbildung von Sicherheitskräften:

„Die Exekutoren der Folter werden aus der Bevölkerung rekrutiert, und zwar ohne vorherige psychologische Eignungstests. Folter und das 'richtige Verhalten als Folterer' werden gelehrt und gelernt. Das Wissen über diese Ausbildungsgänge ist nachlesbar, wenn auch nicht über den Buchmarkt zugänglich."[105]

---

[102] Vgl. Ingo Kletten: Durch Terror zum modernen Staat, in: Jan Philipp Reemtsma (Hrsg.): Folter. Zur Analyse eines Herrschaftsmittels, Hamburg 1991, S. 32-72. Künftig zitiert als: Kletten 1991.

[103] Ebd., S. 51.

[104] Eine eindringliche Beschreibung des Schreckens von Folter bietet Jan Philipp Reemtsma: „Die Folter [...] ist die totale Herrschaft des Menschen über den Menschen. Die Folter ist der größte Schrecken, den der Mensch für den Menschen bereithält – nicht der Tod, der sowieso irgendwann kommt, fast immer ungebeten, und den der Mensch aufgrund seiner psychischen Konstitution gleichwohl nicht ganz versteht. Anders die Folter: Sie ist nicht 'unvorstellbar', auch wenn das, was real in ihr geschieht, alle Vorstellungen überbieten und immer unvorstellbar sein mag. In ihr kommen die Ängste, die jeder kennt, da jeder einen Körper hat, mit all den Bildern zusammen, die eine geängstigte Menschheit für ihre conditio je gefunden hat." (vgl. Reemtsma 1991, S. 15).

[105] Ebd. An anderer Stelle beschreibt Reemtsma, daß Folter „in Kursen gelehrt" wird und thematisiert die Rolle des US-amerikanischen Geheimdienstes CIA bei der Ausbildung von Folterern in den lateinamerikanischen Diktaturen: „Im Februar/März 1979 organisierte der ESMA (die Militärschule) einen Kursus für 'antisubversiven Kampf', zu dem Repressoren aus verschiedenen lateinamerikanischen Ländern eingeladen wurden. Dieser Kursus fand in

Auch in der Türkei „haben sexuelle Angriffe [...] im Gewahrsam der Sicherheitskräfte fast schon traurige Tradition."[106] So wurde 1991 eine Studentin wegen ihrer Mitgliedschaft in einer politischen Studentenvereinigung verhaftet, deren Erlebnisse in der Haft als exemplarisch für das Vorgehen der Sicherheitskräfte in den türkischen Gefängnissen gelten können:

„In der ersten Woche ihrer Gefangenschaft wurde Günay Korkut mehrfach ausgezogen und an den Handgelenken aufgehängt. Man quälte sie mit Elektroschocks und belästigte sie sexuell. [...] Sie wurde nackt auf Eisblöcke gelegt, wo man ihr Elektroschocks an Zehen, Brüsten und Genitalien verabreichte. Günay Korkut wurde ohnmächtig. Als sie wieder erwachte, lief ihr Blut an den Beinen herab. Sie sei jetzt 'keine Jungfrau mehr', bemerkte einer der Polizisten zynisch."[107]

Vergewaltigungen als Teil organisierter Folter stellen einen Teil der Foltermethoden dar, die ausschließlich gegen Frauen angewandt werden. Diese geschlechtsspezifischen Foltermethoden beinhalten, im Gegensatz zu mehreren Folterhandlungen, die ausschließlich gegen Männer angewandt werden und die sich nicht auf die Sexualität der Opfer beziehen, alle sexualisierte Formen der Gewaltanwendung:[108]

---

der Marineinfanterieschule auf dem Grundstück der ESMA statt. Teilnehmer waren Folterer aus Uruguay, Paraguay, Bolivien, Nicaragua [...]. Jedes dieser Länder trug einen Bericht vor, [...] dieser Bericht bestand aus einer Vorstellung des jeweiligen Landes und einer Beschreibung der Charakteristiken und Methoden seiner repressiven Aktivitäten. [...] Ein weiterer Bericht beschäftigte sich mit den wirksamsten Foltermethoden, ihren verschiedenen Stufen, körperlichen Folterungen (wobei die verletzlichsten Punkte dokumentiert wurden), psychologischen Folterungen etc." Im Zusammenhang mit der Thematisierung US-amerikanischer Unterstützung lateinamerikanischer Terrorregime berichtet Reemtsma auch von dem bekannt gewordenen Fall eines salvadorianischen Mädchens, das „zu Schulungszwecken" von US-amerikanischen Ausbildern zu Tode gefoltert wurde (vgl. Jan Philipp Reemtsma: Das Heer schätzt den Menschen als solchen, in: ders. (Hrsg.): Folter. Zur Analyse eines Herrschaftsmittels, Hamburg 1991, S. 25-36, hier S. 32. Zu einer umfassenden Darstellung verschiedener Aspekte des Themas „Folter" vgl. Schulz-Hageleit (Hrsg.): Alltag – Macht – Folter, Düsseldorf 1989.
[106] amnesty international 1992, S. 7.
[107] Ebd.
[108] „In contrast, the ten forms of torture aimed exclusively at men did not relate to the prisoner's sexuality" (vgl. Caro Hollander 1996, S. 68). An dieser Stelle soll jedoch darauf hingewiesen werden, daß auch Männer aufgrund von sexueller Gewalt aus ihrer Heimat fliehen und in anderen Staaten Asyl beantragen. Dies geht aus Entscheidungen des Bundes-

„Zerreißen der Vagina mit Bajonetten und Krummstäben; Einführen von Gegenständen in die Vagina; Vergewaltigungen durch eigens dazu abgerichtete Hunde [...], Ansetzen von hungrigen Ratten an die Vagina; [...] Zwang zum Austragen der durch Vergewaltigung gezeugten Kinder unter dem Verweis auf die Ehre, einen Sohn des Vaterlandes zu gebären'."[109]

Bei schwangeren Frauen werden die ungeborenen Kinder häufig absichtlich und systematisch mitgefoltert. Aus den chilenischen und argentinischen Diktaturen der 1970er und 1980er Jahre ist bekannt, daß Frauen dazu gezwungen wurden, ihre Kinder ohne Beistand, umgeben von höhnenden Soldaten, zur Welt zu bringen.[110] In Haft geborene Kinder wurden in der Regel im Rahmen von Zwangsadoptionen von ihren Müttern getrennt.[111]

Politische Konflikte, sei es vor dem Hintergrund von Nationalitätenkonflikten oder im Konflikt zwischen Staatsmacht und Opposition, beinhalten, wie gezeigt wurde, häufig sexuelle Gewalt gegen Frauen. In dieser Situation ist die Lage von Frauen gekennzeichnet von ihrem Ausgeliefertsein gegenüber der Staatsmacht. Die alltägliche Bedrohung ist hoch, da Armee oder Polizei als Instrumente der Staatsmacht Vergewaltigung als Mittel des Terrors, der Einschüchterung und der Unterdrückung politischen Widerstands gezielt einsetzen. In solchen Situationen verübte Vergewaltigungen stellen eine zutiefst unterdrückerische Form der sexuellen Gewalt dar, da eben jene Staatsmacht, die in rechtsstaatlichen Strukturen für eine Ahndung der Gewalttat verantwortlich wäre, diese aktiv und zum Teil sogar systematisch betreibt. Zugleich kann auch sexuelle Gewalt durch Oppositionskräfte eine Bedrohung für Frauen darstellen. In diesen Situationen findet häufig faktisch eine Duldung der sexuellen Gewalt statt, da der Staat bestehende Gesetze nicht anwenden kann.

---

amtes für die Anerkennung ausländischer Flüchtlinge hervor, die der Verfasserin zum internen Gebrauch vorlagen.

[109] Martina Schöttes: Lebensbedingungen, politische Partizipation und Verfolgung von Frauen in Chile, in: Martina Schöttes/Monika Schuckar (Hrsg.): Frauen auf der Flucht, Bd. 1: Leben unter politischen Gewaltverhältnissen. Chile, Eritrea, Iran, Libanon, Sri Lanka, Berlin 1994, S. 157-232, hier S. 206.

[110] Vgl. Caro Hollander 1996, S. 69.

[111] Vgl. Christine Madelung: Gewalt an Frauen – Wie Frauen von politischer Repression und männlicher Gewalt betroffen sind, in: Heiner Bielefeldt/Volkmar Deile/Bernd Thomsen (Hrsg.): Menschenrechte vor der Jahrtausendwende, Frankfurt 1993, S. 229-237, hier S. 234.

2.3.4 Vergewaltigung in Krieg und Bürgerkrieg

In militärischen Konflikten ist die Gefahr für Frauen, Opfer von sexueller Gewalt zu werden, besonders hoch. Aufgrund der Tatsache, daß in solchen Situationen häufig keine Staatsmacht mehr existiert, sind Frauen der sexuellen Gewalt schutzlos ausgeliefert.

Daß im bosnischen Bürgerkrieg unzählige Frauen vergewaltigt wurden, wurde durch die breite Medienberichterstattung weltweit mit Empörung und Entsetzen zur Kenntnis genommen. Jedoch kommt es auch in anderen Ländern im Rahmen von Kriegen und Bürgerkriegen immer wieder in einem ähnlichen Ausmaß zu sexueller Gewalt: „Die Vergewaltigung und der sexuelle Mißbrauch von Frauen ist im 20. Jahrhundert praktisch Bestandteil jedes bewaffneten Konflikts gewesen."[112] So fanden auch im Bürgerkrieg im Libanon, in Somalia und in Ruanda systematische Vergewaltigungen statt. Auch beim Einmarsch irakischer Truppen in Kuwait wurden tausende von kuwaitischen und dort lebenden philippinischen Frauen Opfer sexueller Gewalt.[113]

Die Häufigkeit, mit der Frauen in bewaffneten Konflikten vergewaltigt werden, ist zunächst in der Funktion begründet, die Vergewaltigung für die männliche Institution Militär hat. Frauenverachtende Haltungen und Handlungen werden von der Institution Armee als gemeinschaftsbildend bewußt gefördert.[114] Über die Identifikation mit einer bestimmten Art von Männlichkeit wird eine – als hegemonial begriffene – heterosexuelle männliche Gemeinschaft konstruiert:[115]

„Such activity represents a kind of ritual sport which has the important function of strengthening the male bonds of military domination through the enactment of traditional forms of patriarchal control over and wilful violation of women's bodies."[116]

Aussagen bosnischer Kriegsverbrecher verdeutlichen die Tatsache, daß die Konstruktion von männlicher Gemeinschaft in der Institution Armee auch

---

[112] amnesty international 1995, S. 32.

[113] Vgl. Pohl 1992, S. 161.

[114] Eine ausführliche Erörterung des Themas „Männlichkeit und Krieg" bieten Pohl 1992, sowie: Ruth Seifert: Männlichkeitskonstruktionen: Das Militär als diskursive Macht, in: Das Argument, 196 (1992), S. 859-872. Künftig zitiert als: Seifert 1992.

[115] Vgl. Seifert 1992, S. 863.

[116] Caro Hollander 1996, S. 63.

durch brutale Gewaltanwendung gegen Frauen stattfindet. Dies wird in Aussagen serbischer Soldaten, die nachweislich an Massenvergewaltigungen beteiligt waren, gegenüber US-amerikanischen Journalisten deutlich:

„George: War es denn ein gutes Gefühl, für die Serben zu kämpfen? Kameradschaft, Teamgefühl?

Borislav: Ich hatte nur Spaß daran, wenn wir Schnaps fanden und zusammen tranken.

George: Und was die Mädchen anging, normalerweise hätten Sie nie so viele Mädchen gehabt, stimmt das? [...] War es denn wichtig, nicht für Sie persönlich, sondern für die anderen Soldaten? Hatten sie Spaß daran?

Borislav: Ja, sie machten sich wichtig damit: Wenn wir zusammen aßen, sprachen sie darüber und gaben damit an.

George: Was genau haben sie gesagt?

Borislav: Daß sie dort [in einem Restaurant, in dem die Einheit Frauen gefangengenommen, vergewaltigt und ermordet hatte] waren und eine Menge Spaß hatten.

George: Und war auch etwas in Ihnen, das Spaß daran hatte, die Mädchen zu vergewaltigen und zu töten?

Borislav: Das war nur ein ganz winziger Teil. [...] Ich wußte, daß es gut war, denn wenn ich damit fertig war, ging ich trinken und feiern."[117]

Zugleich ist sexuelle Gewalt ein Mittel, das gezielt gegen die gegnerische Gruppe eingesetzt wird. So wurden im libanesischen Bürgerkrieg immer wieder Berichte über Massaker und Vergewaltigungen in bestimmten Regionen verbreitet, verbunden mit der Drohung, der Bevölkerung würde das gleiche widerfahren, wenn sie nicht ihre Heimatorte verließen:[118] „Von vie-

---

[117] Zitiert nach: Alexandra Stiglmayer: Vergewaltigungen in Bosnien-Herzegovina, in dies. (Hrsg.): Massenvergewaltigung. Krieg gegen die Frauen, Frankfurt/Main 1993, S. 113-218, hier S. 202-203.
[118] Birgit Brandt, unter Mitarbeit von Marina Schöttes und Monika Schuckar: Soziale Situation, politische Partizipation und Verfolgungserfahrungen palästinensischer Frauen im Libanon, in: Martina Schöttes/Monika Schuckar (Hrsg.): Frauen auf der Flucht, Bd. 1:

len Flüchtlingen wird später als Grund für ihre Flucht die Angst vor der Vergewaltigung weiblicher Familienmitglieder angegeben."[119]

Im bosnischen Bürgerkrieg kam es durch alle beteiligten Kriegsparteien zu Vergewaltigungen. Jedoch fanden sexuelle Übergriffe am häufigsten durch serbische Soldaten gegen moslemische Frauen statt.[120] Auch dabei war die Vertreibung der moslemischen Bevölkerung Ziel der Vergewaltigungen durch die serbische Armee:

„[Es] soll allen, Frauen, Männern und Kindern, Alten und Jungen, Angst eingejagt werden. Sie sollen zu Tode erschreckt werden, damit sie nicht auf die Idee kommen, je wieder in ihre Heimat zurückgehen zu wollen."[121]

Die Vergewaltigungen geschahen oft auf Geheiß, immer jedoch zumindest unter Billigung der verantwortlichen Offiziere:

„Die verantwortlichen Leute wußten alle, was passierte. Ich hatte das Gefühl, je mehr geschah, je mehr vergewaltigt und getötet wurde, desto besser [...]. Für sie war wichtig, daß die Leute aus unserer Gegend verschwinden, daß sie nie zurückkommen wollen, und um das zu erreichen, sind Vergewaltigungen hervorragend geeignet."[122]

Dabei wurden auch in dörflichen Gemeinschaften ehemalige Bekannte oder Nachbarn aufgrund unterschiedlicher ethnischer Zugehörigkeit zu „Feinden", die nun als Mitglieder der serbischen Armee agierten und, teilweise unter dem Druck ihrer militärischen Vorgesetzten, ihnen bekannte Frauen vergewaltigen sollten:[123]

„Nach den Berichten der jungen Mädchen haben die Männer mit ihnen die Vergewaltigungen diskutiert, als ob es sich dabei um eine Mission handele, die ausgeführt werden mußte. [...] Die Anführer der einheimischen Truppen versuchten, die Frauen [...] zu schützen [...].

Leben unter politischen Gewaltverhältnissen. Chile, Eritrea, Iran, Libanon, Sri Lanka, Berlin 1994, S. 43-100, hier S. 60.
[119] Ebd.
[120] Vgl. amnesty international 1995, S. 32.
[121] Stiglmayer 1993, S. 113.
[122] Zitiert nach: ebd., S. 116.
[123] Aus den von Stiglmayer zitierten Quellen geht zum Teil glaubhaft hervor, daß einige Männer sich zunächst weigerten, Frauen zu vergewaltigen, unter dem Druck von Vorgesetzten und anderen Soldaten schließlich doch sexuelle Gewalt anwendeten.

‚Keine Sorge, die Mädchen sind schon vergewaltigt worden', habe einer der Offiziere [...] mitgeteilt."[124]

Zu dem systematischen Einsatz von Vergewaltigungen gehört, daß sie von den verantwortlichen Politikern massiv geleugnet werden. Dies war auch im bosnischen Bürgerkrieg der Fall, wo die an Frauen begangenen Verbrechen von der moslemisch-kroatischen Seite durch Nicht-Thematisierung, von der serbischen Seite durch die Behauptung, daß es keine Vergewaltigungen durch serbische Militärs gäbe, konsequent geleugnet wurden. Gleichzeitig wurden die Vergewaltigungen durch die feindliche Kriegspartei von allen Seiten zu nationalistischen Propaganda-Zwecken thematisiert und mißbraucht.[125]

Auch im Bürgerkrieg in Ruanda wurde sexuelle Gewalt als ein Mittel der Kriegsführung gegen die gegnerische Gruppe eingesetzt. Vor allem weibliche Angehörige der ethnischen Gruppe der Tutsi wurden Opfer von Vergewaltigungen: „In Ruanda sind 1994 zwischen 250.000 und 500.000 Frauen systematisch vergewaltigt worden."[126] Hierbei gehörte zu der systematischen Anwendung von sexueller Gewalt auch, daß Soldaten Frauen bewußt mit dem HIV-Virus infizierten:[127]

---

[124] Zitiert nach: Stiglmayer 1993, S. 211.

[125] Vgl. ebd., S. 215.

[126] Elenor Richter-Lyonette: Vergewaltigung ist ein Kriegsverbrechen, in: der überblick 1 (1996), S. 72-74, hier S. 72. Die Folgen des Krieges beschreibt Aloisea Inyumba: „Es ist für Außenstehende schwierig, die Bedeutung der Folgen des Genozids zu erfassen. Einen Alltag zu leben, nachdem eine Million Menschen ermordet wurde, mit einer Million Witwen, einer Million Waisen, über zwei Millionen Flüchtlingen, einer Bevölkerung, die zu großen Teilen traumatisiert und physisch behindert ist. Jegliche Infrastruktur sowie die soziale und ökonomische Basis der Gesellschaft sind zerstört worden. [...] Die meisten Frauen in Ruanda verleugnen die Vergewaltigungen nicht, da sie viel zu weit verbreitet waren. Die Vergewaltigungen sind Teil eines kollektiven Traumas. Das Vermächtnis der Brutalität manifestiert sich nicht nur in einer hohen HIV- und Selbstmordrate, sondern auch in den ungewollten Kindern infolge von Vergewaltigungen, die nun in Waisenhäusern gesammelt werden." (vgl. Aloisea Inyumba: Ohne Gerechtigkeit keine Zukunft! Ruanda nach dem Genozid, in: Frauensolidarität 1 (1996), S. 8-9, hier S. 8).

[127] Vgl. Claudia Dammann: Allein mit dem Kind, allein mit der Scham, in: Frankfurter Rundschau, 27.4.1995, S. 7. Angaben der UNO zufolge waren vor dem Bürgerkrieg ca. 80% der ruandischen Milizen und Soldaten HIV-infiziert.

„Wir konnten wirklich alles sehen und hören, was die Milizionäre gesagt haben. [...]. Irgendwann haben sie dann gefangene Frauen vergewaltigt und ihnen gesagt: ‚Wir machen mit euch sowieso, was wir wollen. Wir vergewaltigen euch und infizieren euch mit AIDS. Das ist das, was ihr verdient‘.“[128]

Die Betrachtung von sexueller Gewalt in militärischen Konflikten zeigt, daß eine extreme Brutalisierung bei Männern in allen bewaffneten Konflikten, unabhängig davon, in welchem Teil der Welt sie stattfinden, festzustellen ist. Ein Beispiel für die Grausamkeit, mit der Soldaten in bewaffneten Konflikten vorgehen, bietet das Schicksal einer jungen ruandischen Frau:

„Solange Nindawankusi ist 16 Jahre alt. Alle ihre Familienmitglieder wurden Opfer des Völkermordes. Solange wurde wiederholt von sechs Angehörigen der interahamwe [Milizen] und Soldaten vergewaltigt und gefoltert. In ihre Vagina wurden Steine und Zweige eingeführt. Sie ist jetzt von der Taille abwärts gelähmt.“[129]

Vergewaltigungen in bewaffneten Konflikten sind von dem Zusammenwirken verschiedener Faktoren charakterisiert: Zum einen sind sie bestimmt von der Frauenfeindlichkeit der agierenden Soldaten, die durch das Militär bewußt funktionalisiert und gefördert wird. Zum anderen ist es die systematische Anordnung von Vergewaltigung als Mittel der Kriegsführung, die für die sexuelle Gewalt in militärischen Auseinandersetzungen verantwortlich ist. Das Zusammenwirken dieser Mechanismen führt zu der Häufigkeit und zu der extremen Brutalität, die sexuelle Gewalt in Kriegen und Bürgerkriegen charakterisieren. Hierbei ist vor dem Hintergrund der Auflösung jeglicher rechtsstaatlicher Strukturen kein Schutz, geschweige denn eine Möglichkeit der Ahndung vorstellbar.

---

[128] Ebd.

[129] amnesty international: Athanasie Kankazi und andere. Ruanda. Vergewaltigung durch Milizen und Soldaten, Aktion zum Internationalen Frauentag 1996, o. O. 1996, S. 2.

2.4 Die Notwendigkeit asylrechtlichen Schutzes vor Vergewaltigung

Aus der vorangegangen Darstellung wird deutlich, daß sexuelle Gewalt unter den unterschiedlichsten Umständen zum Fluchtgrund werden kann. Gemeinsam ist den beschriebenen Situationen dabei, daß der Heimatstaat auf verschiedene Weise nicht oder nicht mehr für einen Schutz vor Vergewaltigung sorgt und Frauen folglich in einem anderen Staat Schutz vor sexueller Gewalt finden müssen.

Eine Vergewaltigung stellt zunächst eine Gewalttat dar, die in ihrer Schwere mit Folterhandlungen vergleichbar ist. Die Verankerung von sexueller Gewalt im Geschlechterverhältnis, die sich in der Aggression von Männern gegen Frauen konkret manifestiert, bildet die Grundlage dafür, daß sich in Krisen- und Konfliktzeiten die Gefährdung von Frauen, Opfer sexueller Gewalt zu werden, erhöht. Auch in Staaten, deren innere Ordnung auf politisch-fundamentalistischen Prinzipien beruht, kommt es häufig mit der rechtlichen Etablierung der Diskriminierung von Frauen zum Ausdruck frauenfeindlicher Haltungen. Diese zeigen sich auch in einem unzureichenden Schutz vor sexueller Gewalt.

Alle beschriebenen Situationen sind dadurch gekennzeichnet, daß rechtsstaatliche Prinzipien nicht bestehen oder außer Kraft gesetzt sind. Sie alle beinhalten eine höhere Gefährdung für Frauen, Opfer sexueller Gewalt zu werden: Sei es, daß Vergewaltigungen häufiger vorkommen, da eine Brutalisierung männlichen Verhaltens stattfindet und sexuelle Gewalt als Mittel in einem Konflikt eingesetzt wird, sei es, daß der rechtliche Umgang mit Vergewaltigung Frauen nicht in angemessener Weise schützt. Insgesamt zeigt sich, daß die dem Geschlechterverhältnis immanente Frauenfeindlichkeit in militärischen Auseinandersetzungen, in repressiven Staaten und innerhalb politisch-fundamentalistischer Systeme verschärft zutage tritt. Dabei können die Täter Privatpersonen, Armeeangehörige oder staatliche Amtsträger sein. Vergewaltigungen durch staatliche Amtsträger müssen, wie sich aus den beschriebenen Umständen der sexuellen Gewalt ergibt, dem Staat zugerechnet werden.

Bei der Klärung der Frage, unter welchen Umständen Frauen aufgrund von sexueller Gewalt ein Verbleib in ihrer Heimat nicht mehr möglich ist, geht es darum, die beschriebenen Situationen staatlicher Verantwortung so zusammenzufassen, daß festgelegt wird, wann Frauen außerhalb ihrer Heimat Schutz gewährt werden muß. Dabei bedeutet Schutz vor sexueller Gewalt, daß der Staat sexuelle Gewalt unter Strafe stellt und nach einer erlittenen Vergewaltigung eine Ahndung erfolgt. Sexuelle Gewalt wird dann zum fluchtauslösenden Ereignis, wenn der eigene Staat diesen Schutz nicht (mehr) bieten kann oder will. Dies ist in unterschiedlichen Situationen der Fall:

– Der Staat bietet keinen Schutz, da eine Staatsmacht nicht mehr existiert.

– Der Staat bietet keinen Schutz, da er die sexuelle Gewalt selbst betreibt.

– Der Staat bietet keinen Schutz, da staatliche oder kulturelle Gesetze die Inanspruchnahme von Schutz vor sexueller Gewalt durch den Staat verhindern.

– Der Staat bietet keinen Schutz, da er bestehende Gesetze zur Ahndung sexueller Gewalt nicht anwendet und somit eine Duldung von sexueller Gewalt stattfindet.

So kann in Bezug auf die Asylrelevanz von sexueller Gewalt zusammenfassend festgestellt werden: Eine Vergewaltigung ist eine gegen Frauen begangene Gewalttat, in Zusammenhang mit der ein anderer Staat Schutz bieten muß, wenn der Heimatstaat nicht vor sexueller Gewalt schützt, sexuelle Gewalt nicht ahndet und/oder einer Frau aufgrund einer erlittenen Vergewaltigung in ihrem Heimatstaat Nachteile drohen, die einen Verbleib im Heimatstaat unmöglich machen.

3 Vergewaltigung und Asyl in Deutschland

3.1 Rahmenbedingungen des deutschen Asylrechts – Die Entwicklung der deutschen Asylpolitik

Die Prinzipien, die die Asylgewährung in der Bundesrepublik bestimmen, sind in der Intention der deutschen Asylpolitik begründet, die Aufnahme von Flüchtlingen in Deutschland zu begrenzen. Durch die Novellierung des Art. 16 GG, der die Grundlage der deutschen Asylgewährung darstellt, wurde 1993 eine massive Einschränkung des asylrechtlichen Schutzes in Deutschland vorgenommen.

Im rechtlichen Sinn bezeichnet der Begriff „Asyl" den Schutz, den dritte Staaten einem Menschen gegenüber seinem Heimatland gewähren.[130] Die Verankerung des Flüchtlingsschutzes begann auf internationaler Ebene im Jahr 1921 mit der Einrichtung eines Hochkommissars für Flüchtlinge. Die meisten relevanten vertraglichen Regelungen entstanden jedoch in den Jahren nach dem Zweiten Weltkrieg. So formulierten die Vereinten Nationen 1951 Rechtsgrundlagen zum Schutz von Flüchtlingen.[131] Die diesen asylrechtlichen Überlegungen zugrundeliegende zentrale Frage, nämlich unter welchen Umständen einem Menschen ein Verbleib im Heimatstaat nicht mehr zumutbar ist, hat sich in der wichtigsten Regelung, der Genfer Flüchtlingskonvention vom 28.7.1951, konkretisiert.[132] Danach gilt die Person als Flüchtling, die

---

[130] Vgl. Kimminich 1983, S. 5.

[131] Vgl. Lydia Potts/Brunhilde Prasske: Frauen – Flucht – Asyl, Bielefeld 1993, S. 27.

[132] Vgl. Reinhard Marx: Die Definition politischer Verfolgung in der Bundesrepublik Deutschland, in: Dietrich Thränhardt/Simone Wolken (Hrsg.): Flucht und Asyl. Informationen, Analysen, Erfahrungen aus der Schweiz und der Bundesrepublik Deutschland, Freiburg i. Br. 1988, S. 148-158, hier S. 149. Künftig zitiert als: Marx 1988.

„aus begründeter Furcht vor Verfolgung wegen ihrer Rasse, Nationalität, Zugehörigkeit zu einer bestimmten sozialen Gruppe oder wegen ihrer politischen Überzeugung sich außerhalb des Landes befindet, dessen Staatsangehörigkeit sie besitzt, und den Schutz dieses Landes nicht in Anspruch nehmen kann oder wegen dieser Befürchtungen nicht in Anspruch nehmen will [...]."[133]

Die Bundesrepublik, die die Genfer Flüchtlingskonvention 1953 ratifiziert hat, zieht diese jedoch nur indirekt zur Asylgewährung heran. Mit der Verankerung des Asylrechts als Art. 16 im Grundgesetz stellt die Bundesrepublik im Gegensatz zu den meisten europäischen Ländern, deren Asylgewährung direkt auf der Genfer Flüchtlingskonvention beruht, in asylrechtlicher Hinsicht einen „Sonderfall" dar.[134]

„Politisch Verfolgte genießen Asylrecht" – diese Formulierung des Grundrechts auf Asyl als Art. 16 GG fand 1949 vor dem Hintergrund der Erfahrungen des Zweiten Weltkrieges statt. Unter dem Eindruck der Vertreibung und Ermordung Millionen von Menschen während der Zeit des Nationalsozialismus bestand ein weitgehender Konsens darüber, daß eine besondere Verantwortung der Bundesrepublik bestehe, den Schutz von Flüchtlingen im Grundgesetz zu verankern.

„Art. 16 war – mehr noch als das Grundgesetz insgesamt – die historische Antwort der Deutschen auf die Erfahrung des Nationalsozialismus."[135]

Wenngleich auch einige Mitglieder des Parlamentarischen Rates Bedenken gegenüber einem uneingeschränkten Anspruch auf Asyl äußerten, setzte sich eine Haltung durch, wie sie beispielsweise der SPD-Abgeordnete Wagner vertrat. Er wollte das Asylrecht als Schutzmöglichkeit für Flüchtlinge ohne Beschränkungen festgeschrieben wissen:

„Ich glaube, man sollte da vorsichtig sein mit dem Versuch, dieses Asylrecht einzuschränken und seine Gewährung von unserer eigenen Sympathie oder Antipathie und von der politischen Gesinnung dessen abhängig zu machen, der zu uns kommt. Das wäre dann kein

---

[133] Zitiert nach: Roland Kugler: Asylrecht. Ein Handbuch, Göttingen 1994, S. 154f. Künftig zitiert als: Kugler 1994.

[134] Vgl. zu rechtlichen Grundlagen und Praxis der Asylgewährung in anderen europäischen Ländern Dutch Refugee Council 1994.

[135] Klaus J. Bade: Ausländer. Aussiedler. Asyl, München 1994, S. 94. Künftig zitiert als: Bade 1994.

unbedingtes Asylrecht mehr, das wäre [...] der Beginn des Endes des Prinzips des Asylrechts [...].“[136]

So ist die allgemeine Formulierung des Artikel 16 nicht als ein Versäumnis des Parlamentarischen Rates, sondern als ein Ausdruck der Asylbejahung zu interpretieren:

„Es war also weder ein historischer Unfall noch sprachliches Unvermögen, daß im Grundgesetz 1949 ein Asylgrundrecht ohne Einschränkungen geschaffen wurde.“[137]

Durch die Verankerung im Grundgesetz wurde dieser Intention Rechnung getragen: Die Rechtsprechung ist infolge der Grundrechtsbindung aus Art. 1 GG sowie der Gewährleistung eines lückenlosen Rechtsschutzes, verankert in Art. 19 IV GG, verpflichtet,

„dem Asylgrundrecht zu größtmöglicher Wirkung zu verhelfen. Sie hat derjenigen Auslegung des Asylrechts den Vorzug zu geben, die die Wirkungskraft der Grundrechtsnorm am stärksten entfaltet.“[138]

Im Gegensatz zu den im Völkerrecht verankerten Prinzipien des Flüchtlingsschutzes, die nicht dem Asylsuchenden einen Rechtsanspruch, sondern lediglich den souveränen Staaten das Recht, Asyl zu gewähren, einräumen, wurde so in der Bundesrepublik ein individuelles und einklagbares Grundrecht für Asylsuchende festgeschrieben.[139]

Da es keine nähere inhaltliche Bestimmung des Begriffs der „politischen Verfolgung“ im Grundgesetz oder in einfach-gesetzlichen Regelungen gibt, ist die Konkretisierung dessen, was als Gründe für eine Asylgewährung in der Bundesrepublik betrachtet werden, allein auf juristischer Ebene vorgenommen worden:

„Die Rechtsprechung unter Führung des Bundesverwaltungsgerichts hat dieses gesetzgeberische Vakuum gefüllt, d.h. sie ist im materiellen Asylrecht zum Quasi-Gesetzgeber geworden.“[140]

---

[136] Zitiert nach: Franz Nuscheler: Internationale Migration. Flucht und Asyl, Opladen 1995, S. 137. Künftig zitiert als: Nuscheler 1995.
[137] Kugler 1994, S. 13.
[138] Kornelia Buhr: Frauenspezifische Verfolgung als Anerkennungsgrund im Asylrecht, in: Demokratie und Recht 2 (1988), S. 192-202, hier S. 196.
[139] Vgl. Nuscheler 1995, S. 136.
[140] Marx 1988, S. 148.

So wurde eine inhaltliche Konkretisierung des Begriffs der „politischen Verfolgung" durch das Bundesverfassungsgericht und durch das Bundesverwaltungsgericht vorgenommen.[141]

Bis 1993 bestand mit der Verankerung dieses Satzes als Art.16 des Grundgesetzes für Menschen, die in der Bundesrepublik Schutz vor Verfolgung suchen, somit ein Anspruch auf Asyl ohne Einschränkungen. Jedoch begann Ende der 1970er Jahre eine politische Entwicklung, mit der die Gewährung eines umfassenden asylrechtlichen Schutzes in der Bundesrepublik immer mehr infragegestellt wurde. Den Hintergrund hierfür bildete zunächst eine Veränderung in der Herkunftsstruktur der Asylsuchenden:

„Bis Anfang der 1970er Jahre stammten die meisten Asylanträge von Flüchtlingen aus dem ‚Ostblock', deren Aufnahme in der Bundesrepublik Deutschland als Frontstaat des Kalten Krieges eine humanitäre Aufgabe mit politisch-ideologischer Legitimationsfunktion war [...]."[142]

Ab Mitte der 1970er Jahre waren jedoch es vor allem eine steigende Anzahl von Flüchtlingen aus dem Nahen Osten, Lateinamerika und den afrikanischen Ländern, die in Deutschland um Asyl nachsuchten. Zusammen mit wachsenden wirtschaftlichen Problemen führte diese Entwicklung zu einer Politisierung des sog. „Asylproblems". So tauchte Ende der 1970er Jahre verstärkt das Schlagwort des „Asylmißbrauchs" in der politischen Debatte der Bundesrepublik auf.[143]

Die politischen Maßnahmen, die in der Folge im Bereich des Asylrechts ergriffen wurden, betrafen drei Bereiche: die Erschwerung der Einreise, eine Beschleunigung des Asylverfahrens, sowie die Verschlechterung der Lebensbedingungen für Asylsuchende.[144]

Hierbei stellte der 1980 durch eine Rechtsverordnung eingeführte Visumzwang für die Länder, aus denen die meisten Flüchtlinge in die Bundesrepublik flohen, wie die Türkei, Sri Lanka, Afghanistan und Äthiopien, ein erstes Mittel zur Beschränkung des Zugangs zum deutschen Asylverfahren dar. Mit der Asylnovelle von 1987 wurde diese Regelung dadurch ver-

---

[141] Die inhaltliche Bestimmung des Begriffs der „politischen Verfolgung" durch die Gerichte wird in Kapitel 3.2.1, „Politische Verfolgung: Konkretisierung des Begriffs und Prinzipien seiner Auslegung", ausführlich erörtert.

[142] Bade 1994, S. 95.

[143] Vgl. Nuscheler 1995, S. 139.

[144] Vgl. Bade 1994, S. 105.

schärft, daß Fluggesellschaften, die AusländerInnen ohne das erforderliche Visum befördert hatten, mit Geldstrafen belegt wurden.[145]

Das 1982 neu gestaltete Asylverfahrensgesetz sollte das Asylverfahren künftig beschleunigen. Es bündelte Maßnahmen, die durch die sog. „Beschleunigungsnovellen" von 1978 und 1980 bereits eingeführt worden waren:

„Sie sollten das Anerkennungsverfahren selbst verkürzen und vereinfachen, verdienen ihren Namen aber auch insofern, als sie [...] im Eilverfahren durchgepaukt wurden. So wurden Widerspruch beim Bundesamt und Berufung nach einer Gerichtsentscheidung im Falle von „offensichtlich unbegründeten" Asylanträgen beseitigt, wurden die Asylgerichte dezentralisiert und Einzelrichterentscheidungen eingeführt, die rechtskräftige Ablehnung automatisch mit der Abschiebeandrohung verknüpft und überhaupt die aufenthaltsbeendenden Befugnisse der Ausländerbehörden erweitert."[146]

Bereits diese Veränderungen erschwerten die Inanspruchnahme des Art. 16 erheblich:

„Der Regelfall des normalen Asylverfahrens ist zumindest nach der Gesetzeskonzeption zum Ausnahmefall geworden. Sonderverfahren sind dem Normalverfahren vorgeschaltet und bestimmen in ihrer Ausgrenzungsfunktion die Handhabung des Asylverfahrens insgesamt."[147]

Die Neuregelung des Asylverfahrensgesetzes von 1982 bildete den Auftakt zu verschiedenen weiteren verfahrensrechtlichen Änderungen: Zunächst wurde 1987 eine inhaltliche Beschränkung des Asylrechts durch die Ausweitung des Konzepts der „offensichtlich unbegründeten" Asylanträge vorgenommen. 1992 führte die Verabschiedung des „Gesetzes zur Neuregelung des Asylverfahrens" dazu, daß es AsylbewerberInnen wiederum vor allem durch eine Verkürzung der Klage- und Begründungsfristen erschwert wurde, den im Grundgesetz verankerten Rechtsanspruch einzufordern.[148]

---

[145] Vgl. Nuscheler 1995, S. 147.

[146] Alfons Söllner: Westdeutsche Asylpolitik, in: Abraham Ashkenasi (Hrsg.): Das weltweite Flüchtlingsproblem. Sozialwissenschaftliche Versuche der Annäherung, Bremen 1988, S. 195-224, hier S. 214. Künftig zitiert als: Söllner 1988.

[147] Reinhard Marx: Vom Schutz vor Verfolgung zur Politik der Abschreckung, in: Kritische Justiz (1985), S. 389.

[148] Vgl. Nuscheler 1995, S. 150. Die Neuregelung des Asylverfahrensgesetzes war Gegenstand massiver Kritik von Flüchtlingsorganisationen. Auch von juristischer Seite wurden

Neben den beschriebenen Maßnahmen zur Erschwerung der Einreise und zur Beschleunigung des Asylverfahrens führten seit Beginn der 1980er Jahre eine Reihe von Gesetzesänderungen zur Verschlechterung der sozialen Situation von AsylbewerberInnen in der Bundesrepublik:

„Das düsterste Kapitel bildeten [...] Verschlechterungen der Lebensbedingungen von Asylbewerbern zur 'Verhinderung materieller Anreize' für 'Scheinasylanten' [...], deren Zweck gezielte und offen benannte Abschreckungseffekte waren: [...] Einschränkung der räumlichen Bewegungsfreiheit, Kürzung des Sozialhilfesatzes und Gewährung der Sozialhilfe soweit als möglich als Sachleistung, Versagung des Kindergeldes, Verweigerung von Integrationsmaßnahmen und Bildungsmöglichkeiten, Regelunterbringung in Sammelunterkünften mit Gemeinschaftsverpflegung u.a.m."[149]

Während so auf verfahrensrechtlichem Wege eine asylrechtliche „Abschreckungspolitik"[150] die Möglichkeiten für Flüchtlinge, in Deutschland Schutz vor Verfolgung zu finden, zunehmend begrenzte, fand die Neuregelung des Asylverfahrens im Jahre 1992 schon vor dem Hintergrund einer politischen Debatte um eine Einschränkung des Grundrechts auf Asyl im Grundgesetz statt. Art. 16 GG war parallel zu den beschriebenen verfah-

---

Bedenken geltend gemacht. Insbesondere die Verpflichtung, in Sammelunterkünften zu leben, sowie die Maßnahmen zur Beschleunigung des Asylverfahrens, die durch eine Verkürzung der Klagefristen die Möglichkeiten, das Recht auf Asyl in Anspruch zu nehmen, beschränken, wurden als verfassungswidrig kritisiert. Vgl. hierzu Uwe Günther: Verfassungsrechtliche und verfassungspolitische Anmerkungen zum Gesetz zur Neuregelung des Asylverfahrens vom 26.6.1992, in: Roland Appel/Claudia Roth (Hrsg.): Die Asyl-Lüge, Köln 1992, S. 87-96.

[149] Bade 1994, S. 107. Für asylsuchende Frauen sind die beschriebenen Maßnahmen häufig mit besonderen Problemen verbunden. Insbesondere alleinstehende Frauen sind durch die Unterbringung in Sammelunterkünften von sexuellen Übergriffen durch männliche Asylbewerber oder deutsches Personal bedroht. Vgl. zu dieser Problematik Verena Arenz: Situation von Asylbewerberinnen in Sammelunterkünften: Sicherer Hafen oder Fortsetzung von Gewalt?, in: Evangelische Frauenarbeit in Deutschland e.V. (Hrsg.): „Flucht ins Asyl?" Zur Situation von Flüchtlingsfrauen im Asylverfahren und in Sammelunterkünften. Dokumentation einer Tagung am 28.-30. 9. 1995 in Bonn anläßlich des Tages der Flüchtlinge, Frankfurt/Main 1995, S. 27-33. Einen Überblick über die spezifischen Probleme weiblicher Flüchtlinge in der Bundesrepublik bietet auch Monika Schuckar/Martina Schöttes, unter Mitarbeit von Barbara Vilöhr: Sozialarbeit mit weiblichen Flüchtlingen, in: Martina Schöttes (Hrsg.): Frauen auf der Flucht, Bd. 2: Weibliche Flüchtlinge im deutschen Asyl, Berlin 1995, S. 11 - 83.

[150] Söllner 1988, S. 212.

rensrechtlichen Maßnahmen seit Anfang der 1980er Jahre durch die Regierungsparteien immer stärker öffentlich infragegestellt worden. Zu Beginn der 1980er Jahre wurde die Asylpolitik zum Gegenstand parteipolitischer Forderungen seitens der Unionsparteien gemacht:

„Das ‚Asylantenproblem' entstand also nicht allein als Folge der zeitweise und erst später anhaltend starken Zunahme von Asylanträgen. Es wurde auch bewußt geschaffen durch die Eröffnung einer zweiten Front bei der Politisierung der 'Ausländerfrage', die in den Medien begierig aufgegriffen wurde [...]. Das zeigte sich erstmals deutlich im Wahlkampf 1980 [...] vor dem Hintergrund von Wirtschaftskrise, steigenden Arbeitslosenzahlen und Entdeckung der Einwanderungssituation hinter der 'Gastarbeiterfrage'. Im Konzept der ausländerpolitischen 'Konsolidierung' traten neben die Defensivpositionen von 'Aufrechterhaltung des Anwerbestopps' [...] der Kampf gegen den 'Mißbrauch des Asylrechts', für die Beschleunigung des Asylverfahrens sowie für eine 'konsequente' und 'zügige' Abschiebung."[151]

Die politische Instrumentalisierung der „Asylfrage" setzte sich im Laufe der 1980er Jahre fort. Forderungen nach einer „Eindämmung der Asylantenflut" oder Aussagen wie „Das Boot ist voll" bestimmten die öffentliche Debatte um die Asylpolitik und trugen zu einem politischen Klima bei, in dem die Forderung nach einer Beschränkung des Grundrechts auf Asyl immer „salonfähiger" wurde.

Nach der Bundestagswahl von 1990 machten die Regierungsparteien eine Änderung des Art. 16 GG zu einer ihrer Hauptforderungen.[152] 1991 begann die CDU mit einer bundesweiten Kampagne, die Forderung nach einer Änderung des Grundrechts auf Asyl offensiv und systematisch zu vertreten.[153] Im Rahmen des sog. „Asylkompromisses", der schließlich auch von der SPD mitgetragen wurde, mündeten die beschriebenen „Defensivmaßnahmen, die im Zeichen der Kampfansage gegen den ‚Mißbrauch des Asylrechts' entwickelt wurden"[154] schließlich in die Grundgesetzänderung von 1993, durch die nun auch das Recht auf Asyl selbst relativiert und eingeschränkt wurde.

---

[151] Bade 1994, S. 100f.
[152] Vgl. ebd., S. 117.
[153] Vgl. ebd., S. 113.
[154] Ebd., S. 105.

Durch die Novellierung des Art. 16 GG, die am 25.6.1993 vom Bundestag beschlossen wurde, ist der Anspruch auf Asyl, den der Wortlaut des Art. 16 GG bis dahin bot, eingeschränkt worden. Im neuen Art. 16a Abs. 1 GG wird zwar der Wortlaut des alten Art. 16 GG, „Politisch Verfolgte genießen Asylrecht", wiederholt. Durch die darauffolgenden neuen Absätze sind jedoch Einschränkungen eingefügt worden. So legt die sog. „Drittstaaten-Regelung", niedergelegt in Art. 16a, Abs. 2 GG fest, daß, wer über einen EU-Staat oder einen „sicheren Drittstaat" einreist, sich nicht auf Art. 16a Abs. 1 GG berufen, d.h. als Asylberechtigter anerkannt werden kann.[155] Da alle Nachbarstaaten der Bundesrepublik zu „sicheren Drittstaaten" erklärt wurden, kann kein Flüchtling, der auf dem Landweg eingereist ist, als Asylberechtigter anerkannt werden. Als weitere Einschränkung des Grundrechts auf Asyl fungiert Art. 16a Abs. 3, in dem das Konzept der sog. „sicheren Herkunftsstaaten" festgeschrieben ist. Hier werden verschiedene Staaten bezeichnet, für die „gewährleistet erscheint, daß dort weder politische Verfolgung noch unmenschliche oder erniedrigende Bestrafung oder Behandlung stattfindet."[156]

Von den Auswirkungen des novellierten Art. 16 sind alle Flüchtlinge gleichermaßen betroffen. Am Beispiel eines Ehepaars aus dem Kosovo kann jedoch verdeutlicht werden, welche Auswirkungen die „Drittstaaten-Regelung" für Opfer sexueller Gewalt haben: Weil der Mann sich für die Unabhängigkeit des Kosovo engagierte und keinen Wehrdienst in der serbischen Armee leisten wollte, floh er nach Mazedonien. In der Folge wurde seine Frau regelmäßig von Militärpolizisten verhört:

„Etwa einen Monat vor der Geburt der Tochter [...] seien erneut Militärpolizisten gekommen, hätten das Haus durchsucht und die Klägerin [...] wieder zur Polizeistation gebracht.

---

[155] Im Asylverfahrensgesetz sind seit 1993 folgende Staaten als „sichere Drittstaaten" festgelegt: Finnland, Norwegen, Österreich, Polen, Schweden, die tschechische Republik sowie die EU-Staaten (vgl. Nuscheler 1995, S. 161).

[156] Art.16a Abs. 3 GG, zitiert nach: Bundeszentrale für Politische Bildung (Hrsg.): Grundgesetz für die Bundesrepublik Deutschland, Textausgabe, Bonn 1993, S. 19. Im Asylverfahrensgesetz sind als „sichere Herkunftsländer" festgelegt: Bulgarien, Gambia, Ghana, Polen, Rumänien, Senegal, Slowakische Republik, Tschechische Republik und Ungarn (vgl. Nuscheler 1995, S. 161).

Dort sei sie befragt und schließlich von einem Polizisten vergewaltigt [...] worden. Das Kind sei dann etwa einen Monat zu früh geboren worden."[157]

Obgleich das Gericht von der Wahrhaftigkeit dieser Aussagen überzeugt war, entschied es:

„Sämtliche Kläger sind nicht asylberechtigt. [...] Die Asylanerkennung [...] scheitert schon an den Vorschriften des Art. 16a Abs. 2 Satz 1 GG [...] denn sie sind im Juli 1995 aus einem sicheren Drittstaat in die Bundesrepublik gekommen. [...] Ausreichend für die Anwendung ist allein die Feststellung, daß der Ausländer nur über irgendeinen sicheren Drittstaat [...] das Inland erreicht haben kann."[158]

Dieses Beispiel verdeutlicht, wie umfassend die „Drittstaaten-Regelung" die Inanspruchnahme des Rechts auf Asyl verhindert.

Auch das Konzept der „sicheren Herkunftsstaaten" verhindert potentiell einen Schutz vor Verfolgung. Obgleich insbesondere Menschenrechtsverletzungen nicht nur strukturell vorkommen, sondern in jedem Staat unter bestimmten Umständen auch individuell zum Fluchtgrund werden können, werden dort Staaten definiert, für die ausgeschlossen wird, daß Verfolgungen stattfinden können. Zudem

„[...] können Situationen auftreten, in denen bestimmte Gruppen von Menschen Menschenrechtsverletzungen ausgesetzt sind, die bei der Einstufung eines Landes als ‚sicher' keine Berücksichtigung finden. Ob die Menschenrechtssituation von Frauen bei solch einer Einstufung Berücksichtigung findet, darf bezweifelt werden."[159]

Während die Bestimmung „sicherer Herkunftsstaaten" in dieser Weise grundsätzlich problematisch ist, ist auch die aktuell geltende Festschreibung der Staaten, die als „sicher" eingestuft sind, fragwürdig. So kommt es etwa im „sicheren Herkunftsstaat" Senegal sowohl gegen Angehörige der politischen Opposition als auch im Rahmen von Strafermittlungen immer wieder zu Menschenrechtsverletzungen. Daß dabei auch Frauen von sexueller Gewalt bedroht sind, steht außer Frage.[160]

Die Novellierung des Art. 16 GG stellt eine logische Konsequenz der asylpolitischen Maßnahmen der vergangenen 20 Jahre dar. Insgesamt ist so

---

[157] Verwaltungsgericht Gelsenkirchen, Urteil vom 24.2.1997, 15a K 8922/95.A, S. 4.
[158] Ebd., S. 5.
[159] Gottstein 1994, S. 17.
[160] Vgl. amnesty international: Jahresbericht 1996, Frankfurt/Main 1996, S. 434.

eine drastische Verschlechterung der Möglichkeiten, asylrechtlichen Schutz in der Bundesrepublik in Anspruch zu nehmen, erfolgt.

3.2 Vergewaltigung im deutschen Asylrecht

Die Analyse der Umstände, unter denen Vergewaltigung zum Fluchtgrund werden kann, hat gezeigt, in welcher Weise die deutsche Asylgewährung das Vorliegen einer gegen Frauen begangenen Gewalttat sowie die Rolle des Herkunftsstaates berücksichtigen müßte, um den Opfern sexueller Gewalt den notwendigen asylrechtlichen Schutz zu bieten. Bei der Untersuchung, mit welchem asylrechtlichen Schutz Frauen in der Bundesrepublik rechnen können, muß nun geklärt werden, wie die Situation von Frauen, die aufgrund von sexueller Gewalt ihren Heimatstaat verlassen müssen, durch die das deutsche Asylrecht bestimmenden Prinzipien erfaßt und behandelt wird.

Der in Art. 16a GG niedergelegte Begriff der „politischen Verfolgung" bildet das Kernstück des deutschen Asylrechts. Sofern eine Verfolgungserfahrung nicht durch die im novellierten Art. 16a GG festgelegten Beschränkungen von der Asylgewährung ausgeschlossen wird, muß der Fluchtgrund als „politische Verfolgung" gewertet werden, um durch die Gewährung von asylrechtlichem Schutz ein gesichertes Bleiberecht in Deutschland zu erlangen. Die zweite Möglichkeit, eine Aufenthaltserlaubnis in der Bundesrepublik Deutschland zu erlangen, ist die Anerkennung nach § 51 Abs. 1 Ausländergesetz, „Verbot der Abschiebung politisch Verfolgter", der besagt, daß eine AusländerIn nicht in einen Staat abgeschoben werden darf, in dem sein oder ihr Leben oder Freiheit wegen einem in der Genfer Flüchtlingskonvention festgelegten Gründe bedroht ist. Diese Möglichkeit bringt ebenfalls ein gesichertes Bleiberecht in Deutschland mit sich. In beiden Fällen wird „politische Verfolgung" in gleicher Weise, nämlich als staatliche Verfolgung, interpretiert.[161]

---

[161] Vgl. Urteil des Bundesverwaltungsgerichts vom 18.1.1994, BverwG 9 C 33.92.
Die Anerkennung als Asylberechtigte beinhaltet, daß Asylberechtigte eine unbefristete Aufenthaltserlaubnis erwerben, sich unter erleichterten Bedingungen einbürgern lassen können und Anspruch auf verschiedene Eingliederungshilfen (zum Beispiel Sprachkurse)

Aufgrund der Tatsache, daß keine verbindliche Definition des Begriffs der „politischen Verfolgung" existiert, ist zunächst zu klären, anhand welcher Prinzipien eine inhaltliche Bestimmung von „politischer Verfolgung" in der Bundesrepublik vorgenommen wurde. In der Folge werden die Konsequenzen dieser Konkretisierung für die Beurteilung von sexueller Gewalt als Asylgrund analysiert. Diese Erörterung findet anhand einer getrennten Untersuchung der Begriffe „politisch" und „Verfolgung"statt.[162]

3.2.1 „Politische Verfolgung": Konkretisierung des Begriffs und Prinzipien seiner Auslegung

Auf der rechtlichen Ebene fand durch die Auslegung des Begriffs der „politischen Verfolgung" eine Bestimmung der Umstände statt, die zu asylrecht-

---

und Sozialleistungen (wie Kindergeld). haben. Ferner bekommen Asylberechtigte eine Arbeitserlaubnis und dürfen Eigentum erwerben. Ihre Kinder können deutsche Hochschulen besuchen. (vgl. Kugler 1994, S. 55f.). Die Anerkennung nach §51 Abs.1 AuslG bringt eine jeweils auf zwei Jahre befristetete Aufenthaltsbefugnis mit sich, die nach acht Jahren in eine unbefristete Aufenthaltserlaubnis umgewandelt werden kann. Unterschiede zwischen einer Anerkennung nach Art.16a Abs. 1 GG und §51 Abs.1 AuslG bestehen in einer Besserstellung von Asylberechtigten in bezug auf Sprachförderung und Möglichkieten der Familienzusammenführung (vgl. ZDWF (Hg.): Ratgeber für Asylberechtigte und Konventionsflüchtlinge, Bonn 1996). Neben der Asylgewährung gibt es mit §53 AuslG, „Abschiebungshindernisse" eine andere rechtliche Möglichkeit zumindest vorläufig in der Bundesrepublik bleiben zu dürfen. Dort ist festgelegt, daß kein Flüchtling in einen Staat abgeschoben darf, in dem ihm Folter, die Todesstrafe oder Gefahr für Leib und Leben droht. Die Regelung ist unter der Prämisse konzipiert, einen Schutz vor Abschiebung zu gewähren und beinhaltet keine positiven Rechte bezüglich des Aufenthalts in Deutschland. Vor allem ist sie nicht mit einem gesicherten Aufenthaltstatus verbunden. Vielmehr bedeutet der Rechtsstatus einer „Duldung", die nach spätestens einem Jahr erlischt und vor einer Verlängerung immer wieder neu überprüft wird (und zudem meist nur für 3 bis 6 Monate gewährt wird), daß für den Flüchtling eine Abschiebung konstant droht (vgl. Kugler 1994). Eine Duldung bietet „in der Regel nicht die Möglichkeit der Integration und Zukunftsplanung." (amnesty international 1996, S. 88). Hinzu kommt, daß auch hier eine staatliche Verfolgung vorliegen muß (vgl. Urteil des Bundesverwaltungsgerichts vom 15.4.1997, BVerwG 9 C 38.96).
[162] Vgl. Petra Fritsche: Frauenspezifische Verfolgung und deren Anerkennung als politische Verfolgung im Sinne des Asylrechts, unveröffentlichte Abschlußarbeit der Universität Bremen, 1991, S. 61. Künftig zitiert als: Fritsche 1991.

lichem Schutz in der Bundesrepublik führen können. Dabei ist der Begriff maßgeblich durch die Konkretisierung des Bundesverwaltungsgerichts bestimmt worden, die eine restriktive Auslegung von „politischer Verfolgung" darstellt.

Diese inhaltliche Auslegung durch das Bundesverwaltungsgericht vollzog sich hierbei in verschiedenen Phasen. Bis 1965 wurde bei der Bewertung von Asylgesuchen ausschließlich die Genfer Flüchtlingskonvention als Entscheidungsgrundlage herangezogen: „Das 'liberalste Asylrecht der Welt' wurde für fast zwanzig Jahre schlichtweg vergessen."[163] Eine Änderung wurde dann mit dem Ausländergesetz von 1965 vorgenommen: Forthin sollte als Asylberechtigter anerkannt werden, wer entweder als Flüchtling im Sinne der Genfer Konvention angesehen werden konnte oder unter den – nicht näher bestimmten – Begriff der „politischen Verfolgung" fiel. Jedoch bedeutete diese Differenzierung nicht, daß beide Anerkennungsgrundlagen im Anerkennungsverfahren Gültigkeit hatten. So konnten sich Flüchtlinge nicht auf die in der Genfer Flüchtlingskonvention niedergelegten Fluchtgründe oder auf den Begriff der "politischen Verfolgung" berufen: Vielmehr kam das Bundesverwaltungsgericht zu der Auffassung, daß die beiden Definitionen einen identischen Sachverhalt bezeichneten, daß also in der Genfer Flüchtlingskonvention alle denkbaren Verfolgungsgründe festgeschrieben seien. Diese „These von der Vollidentität" führte dazu, daß die in der Genfer Flüchtlingskonvention genannten Kategorien in das deutsche Asylrecht übernommen wurden.[164] So wurde im deutschen Asylrecht neben dem Vorliegen einer bestimmten Verfolgungsmaßnahme auch die Notwendigkeit eines bestimmten Verfolgungsgrundes als konstitutiv für das Vorliegen „politischer Verfolgung" etabliert. Gleichzeitig kam es durch die Übernahme der in der Konvention genannten „asylerheblichen Merkmale" faktisch zu einer Begrenzung der Gründe, die als relevant für das Vorliegen „politischer Verfolgung" betrachtet werden.

Ende der 1970er Jahre kam es vor dem Hintergrund der Änderung in der Herkunftsstruktur der Asylsuchenden parallel zu den bereits thematisierten asylpolitischen Maßnahmen durch die Veränderung der Rechtsprechung des Bundesverwaltungsgerichts auch zu einer Veränderung auf juristischer Ebene. Bis zu diesem Zeitpunkt beruhte die Asylgewährung auf einer in

---

[163] Geiger 1991, S. 14.
[164] Vgl. ebd.

Anlehnung an die Genfer Flüchtlingskonvention etablierten Formel, die die subjektive Situation von AsylbewerberInnen würdigte:

„Eine begründete Furcht vor Verfolgung ist [...] anzunehmen, wenn der Asylbewerber in seiner Heimat bereits verfolgt worden ist oder wenn er gute Gründe hat, dort eine solche Verfolgung zu befürchten. Gute Gründe für eine Furcht vor Verfolgung liegen vor, wenn dem Asylbewerber bei verständiger Würdigung des Falles nicht zuzumuten ist, daß er in seinem Heimatland bleibt oder dorthin zurückkehrt."[165]

Für Flüchtlinge aus den sozialistischen Staaten Osteuropas, die bis zu diesem Zeitpunkt die Mehrzahl der AsylbewerberInnen stellten, galt jedoch eine andere Regelung: Für sie hatte das Bundesverwaltungsgericht eine juristische Konstruktion etabliert, die eine kollektive Anerkennung ermöglichte: Um für diese Flüchtlinge die Anerkennung als Asylberechtigte zu erleichtern, auch wenn keine individuelle Verfolgungsfurcht vorlag, war die Figur des „Verfolgungszwecks des Staates" entwickelt worden. Diese Konstruktion nahm für sozialistische Staaten eine „weltanschaulich totalitäre Eigenart" an, der die Absicht zugrunde liege, „durch Bestrafung die politische Herrschaft des Kommunismus zu sichern".[166] Sie etablierte die Annahme eines generellen Verfolgungswillen des Staates, so daß es möglich war, Flüchtlinge als Verfolgte anzuerkennen, ohne daß eine subjektive Verfolgungsfurcht des Einzelnen, wie in der Genfer Flüchtlingskonvention vorausgesetzt, nachgewiesen werden mußte.

1977 erfolgte die Verabsolutierung des Modells, das bisher lediglich für Flüchtlinge aus den sozialistischen Ländern gegolten hatte: Die Notwendigkeit einer vorliegenden „Verfolgungsmotivation des Staates" wurde durch ein Urteil des Bundesverwaltungsgerichts zum konstitutiven Aspekt der deutschen Asylgewährung gemacht. Dies führte dazu, daß die individuelle Furcht vor Verfolgung bei der Prüfung eines Asylanspruchs in den Hintergrund trat. Von zentraler Bedeutung für die Asylgewährung waren von nun an die Gründe für eine Verfolgung. So hieß es einem Urteil des Bundesverwaltungsgerichts:

---

[165] Zitiert nach Nuscheler 1995, S. 150.
[166] Ebd.

„Maßgebend dafür, ob die befürchtete Verfolgung eine politische ist, sind die Gründe, aus denen der Verfolgerstaat die befürchtete Verfolgung betreibt."[167]

Die der Asylgewährung zugrundeliegende Perspektive darauf, unter welchen Umständen Menschen Schutz vor Verfolgung in ihrem Heimatland bekommen müssen, wurde auf diese Weise maßgeblich verändert: Dadurch, daß die juristische Figur der „staatlichen Verfolgungsmotivation" nun für Flüchtlinge galt, für deren Herkunftsstaat nicht mehr automatisch eine Verfolgungsintention angenommen wurde, wurden die Möglichkeiten, in der Bundesrepublik Asyl zu erhalten, erheblich eingeschränkt.

1978 entschied das Bundesverfassungsgericht, daß der Asylgewährung in der Bundesrepublik

„die von der Achtung der Unverletzlichkeit der Menschenwürde bestimmte Überzeugung zugrunde [liegt], daß kein Staat das Recht hat, Leib, Leben oder die persönliche Freiheit des einzelnen aus Gründen zu gefährden, die allein in seiner politischen Überzeugung oder religiösen Grundentscheidung oder in unverfügbaren, jedem Menschen von Geburt anhaftenden Merkmalen liegen."[168]

Zwar bot diese Entscheidung des Bundesverfassungsgerichts aufgrund der Formulierung, daß Verfolgungsmaßnahmen Menschen auch in „unverfügbaren, jedem Menschen von Geburt anhaftenden Merkmalen" treffen können, theoretisch die Möglichkeit, andere Fluchtgründe als die in der Genfer Flüchtlingskonvention genannten als asylrelevant zu betrachten. Tatsächlich hat jedoch die mangelnde Konkretisierung dieser „unverfügbaren Merkmale" dazu geführt, daß, abgesehen von einzelnen Urteilen, die in der Konvention genannten Fluchtgründe für die deutsche Asylgewährung ausschließlich bestimmend geblieben sind.[169] Zudem vertritt das Bundesver-

---

[167] Urteil des Bundesverwaltungsgerichts vom 29.11.1977, in: Entscheidungen des Bundesverwaltungsgerichts, Bd. 55, Berlin 1979.

[168] Urteil des Bundesverfassungsgerichts vom 1.7.1987, in: Die Mitglieder des Bundesverfassungerichts (Hrsg.): Entscheidungen des Bundesverfassungsgerichts, Bd. 76, Tübingen 1988.

[169] Vgl. Astrid Bröker/Jens Rautenberg: Die Asylpolitik in der Bundsrepublik Deutschland unter besonderer Berücksichtigung des sogenannten „Asylmißbrauchs", Berlin 1986, S. 251. Künftig zitiert als: Bröker/Rautenberg 1986. Vgl. auch: Jürgen Feldhoff: Was heißt Flüchtling heute?, in: Roland Appel/Claudia Roth: Die Asyl-Lüge, Köln 1992, S. 75-86, hier S. 76. Künftig zitiert als: Feldhoff 1992. Das Urteil des Bundesverfassungsgerichts bietet theoretisch die Möglichkeit, Frauen, die Opfer sexueller Gewalt wurden, als Asylbe-

waltungsgericht die Auffassung, daß so „alle denkbaren Fälle" von Verfolgungsgründen erfaßt sind.[170]

Während die Lehre der „staatlichen Verfolgungsmotivation" mittlerweile obsolet geworden ist, bestimmt nach wie vor die Auslegung des Bundesverwaltungsgerichts von „politischer Verfolgung" als staatlicher Verfolgung, die den oder die AsylbewerberIn in einem in der Genfer Flüchtlingskonvention festgelegten Verfolgungsgrund treffen muß, die deutsche Asylgewährung und ist von den Instanzengerichten im wesentlichen nachvollzogen worden. Damit existiert eine faktische „Definition" politischer Verfolgung in Form einer ständigen Rechtsprechung.[171]

---

rechtigte anzuerkennnen. Dies verdeutlicht ein Urteil des Verwaltungsgerichts Ansbach. Es entschied über den Asylantrag einer rumänischen Frau, die vom Bürgermeister ihres Heimatortes vergewaltigt worden war (vgl. Kapitel 3.3.2 dieser Arbeit): „Die Rechtsverletzungen, die die Klägerin erlitt, stellen auch eine politische Verfolgung dar. Denn selbst wenn die Maßnahmen die Klägerin lediglich in ihrer Eigenschaft als Frau getroffen hätten, wäre das (nicht näher bezeichnete) Merkmal der ‚politischen' Verfolgung gegeben. Dem Merkmal der ‚politischen' Verfolgung liegt nämlich [...] die ‚von der Achtung der Unverletzlichkeit der Menschenwürde bestimmte Überzeugung zugrunde, daß kein Staat das Recht hat, Leib, Leben oder die persönliche Freiheit des Einzelnen aus Gründen zu gefährden oder zu verletzen, die allein in seiner politischen Überzeugung oder religiösen Grundentscheidung oder in unverfügbaren, jedem Menschen von Geburt anhaftenden Merkmalen liegen. [...] Somit gehört auch das Geschlecht eines Menschen zu den (unverfügbaren) Merkmalen, an die das Asylrecht anknüpft." (Bayerisches Verwaltungsgericht Ansbach, Urteil vom 19.2.1992, AN 17 K 91.44245). Jedoch ist dieses Urteil eines der wenigen, die eine solche Interpretation von „Politischer Verfolgung" zur Anerkennung von sexueller Gewalt als Asylgrund vornimmt. Damit verweist das Urteil zwar auf eine theoretische Möglichkeit, bestätigt durch seinen Ausnahmecharakter jedoch vor allem die herrschenden Prinzipien der Asylgewährung, die eine solche Interpretation von „politischer Verfolgung" nicht vorsehen und auch in der Praxis nicht vornehmen.

[170] Urteil des Bundesverwaltungsgerichts vom 7.10.1975, in: Entscheidungen des Bundesverwaltungsgerichts, Bd. 49, Berlin 1977. Zwar entschied das Bundesverwaltungsgericht in einem Urteil von 17.5.1983: „Wie das Diskriminierungsverbot im Inland Schutz vor Benachteiligungen wegen des Geschlechts, der Abstammung, der Rasse, der Herkunft und der religiösen und politischen Anschauungen gewährt, gewährt das Asylrecht bei einer wegen dieser Merkmale im Ausland drohenden oder erlittenen Verfolgung Schutz vor dem Zugriff des verfolgenden Staates." (Urteil des Bundesverwaltungsgerichts vom 17.5.1983, in: Entscheidungen des Bundesverwaltungggerichts, Bd. 67, Berlin 1985). Jedoch hat, außer innerhalb des bereits erwähnten Urteils des Verwaltungsgerichts Ansbach, diese Entscheidung bisher keinen Einfluß auf die Rechtsprechung gehabt.

[171] Vgl. Potts/Prasske 1993, S. 33.

Der Begriff der „Verfolgung"

Im folgenden soll erörtert werden, in welcher Weise durch die Auslegung von „politischer Verfolgung" sexuelle Gewalt asylrechtlich bewertet wird. Dabei sind durch die Auslegung des Begriffs der „Verfolgung" verschiedene Bedingungen festgeschrieben worden, die erfüllt sein müssen, damit sexuelle Gewalt als „Verfolgung" bewertet werden kann.

Der Begriff ist in der bundesdeutschen Asylrechtsprechung durch die Rechtsprechung des Bundesverfassungsgerichts konkretisiert worden. So sind als „Verfolgung"

„im asylrechtlichen Sinn Menschenrechtsverletzungen zu verstehen, die eine Verletzung von persönlichen Grundrechten in Verbindung mit Gefahr für Leib und Leben sowie auch anderer Freiheitsrechte darstellen".[172]

Eine Bewertung von Vergewaltigung als „Verfolgung" im Sinne des Asylrechts wird jedoch häufig dadurch verhindert, daß sexuelle Gewalt gegen Frauen oftmals nicht in ihrer Schwere betrachtet wird:

„Asylrechtlich relevant sind nur ‚schwere' Rechtsgutverletzungen. Bei frauenspezifischen Verfolgungshandlungen fehlt oft das Bewußtsein und das Einfühlungsvermögen."[173]

Gleichzeitig ist den Entscheidungsinstanzen die Bedeutung von sexueller Gewalt im Kontext von Fluchtsituationen oft nicht klar. Eine empirische Studie über die Bewertung frauenspezifischer Fluchterfahrungen durch die asylrechtlichen Entscheidungsinstanzen kommt zu dem Ergebnis, daß sowohl das Bundesamt für die Anerkennung ausländischer Flüchtlinge als auch die Mitglieder des untersuchten Gerichts sexuelle Gewalt im Kontext von Flucht und Asyl für ein „marginales Phänomen" hielten, „dem in der Realität weit weniger Bedeutung zukomme als in der feministischen Diskussion angenommen."[174]

---

[172] Stefanie Gebauer: Asylrechtliche Anerkennung frauenspezifischer Verfolgung, in Zeitschrift für Ausländerrrecht 3 (1988), S. 120-128, hier S. 127.

[173] Deutscher Frauenrat/Pro Asyl: Verfolgte Frauen schützen!, Frankfurt/Main 1997, S. 2. Künftig zitiert als: Deutscher Frauennrat/Pro Asyl 1997.

[174] Martina Schöttes/Monika Schuckar: Fluchtgründe von Frauen in der Einschätzung von asylrechtlichen Entscheidungsinstanzen und RechtsanwältInnen: Ergebnisse einer empirischen Untersuchung, in: Martina Schöttes (Hrsg.): Frauen auf der Flucht, Bd. 2: Weibliche Flüchtlinge im deutschen Exil, Berlin 1995, S. 133-174, hier S. 166. Künftig zitiert als: Schöttes/Schuckar 1995.

Im Fall einer zairischen Frau, die aufgrund ihres politischen Engagements während einer Hausdurchsuchung von Soldaten vergewaltigt worden war, wurde die erlittene sexuelle Gewalt in der Entscheidung des Bundesamtes überhaupt nicht thematisiert:

„Zur Begründung [der Ablehnung des Asylantrags] führte das Bundesamt im Wesentlichen aus, daß die von der Klägerin behaupteten Hausdurchsuchungen keine asylrechtlich relevante Intensität aufwiesen. Polizeiliche Maßnahmen dieser Art seien nur dann asylbegründend, wenn sie den Betroffenen in eine ausweglose Lage gebracht hätten, wenn mit ihnen unmenschliche, nach landesüblichen Gepflogenheiten unangemessene Behandlungsmethoden verbunden gewesen wären. Diesbezügliche Anhaltspunkte lägen jedoch im Falle der Klägerin nicht vor."[175]

Beispiele für die Vernachlässigung von Vergewaltigung bei der asylrechtlichen Entscheidungsfindung bieten auch die Fälle einer angolanischen und einer albanischen Frau. Während die Vergewaltigungen hier von der Entscheidungsinstanz zumindest wahrgenommen wurden, wurde die sexuelle Gewalt nicht als „Verfolgung" bewertet: In der Entscheidung über den Asylantrag der Angolanerin, die wegen der Unterstützung ihres Ehemannes für die oppositionelle Bewegung UNITA von den angolanischen Sicherheitskräften vergewaltigt und gefoltert worden war, kam das Bundesamt für die Anerkennung ausländischer Flüchtlinge zu dem Schluß,

„das [...] Verhalten der angolanischen Behörden [habe] die Zumutbarkeitsschwelle, die die asylrechtlich irrelevante politische Diskriminierung von der politischen Verfolgung trennt, noch nicht überschritten."[176]

Auch der Asylantrag der Kosovo-Albanerin, die von serbischen Polizeibeamten vergewaltigt worden war, wurde vom Bundesamt für die Anerkennung ausländischer Flüchtlinge abgelehnt:

„Vortrag in der Anhörung: ‚Ich mußte dann in ein Polizeifahrzeug einsteigen [...] Unterwegs hat mich dieser Polizist vergewaltigt. Ich konnte mich aufgrund meiner Handschellen nicht wehren.[...] Nachdem ich von dem Polizisten mißbraucht worden war, wurde ich schwanger.' Entscheidung des Bundesamtes: ‚Im vorliegenden Fall wurde die Schwelle, die bloße Belästigung von der politischen Verfolgung trennt, jedoch nicht überschritten [...]

---

[175] Zitiert nach: Verwaltungsgericht Gera, Urteil vom 26.5.1994, – 5K 20246/93 GE, S. 4.
[176] Zitiert nach: Verwaltungsgericht Aachen, Urteil vom 25.8.1994, – 7L 1090/94.A, S. 9.

Nicht entscheidend ist, wie jemand – hier die Antragstellerin – eine objektiv asylunerhebliche Maßnahme subjektiv empfindet.'"[177]

Auch in Fällen, in denen Asylanträge positiv beschieden wurden, wurde die erlittene Vergewaltigung oftmals nicht zur Entscheidungsfindung herangezogen. Obgleich eine äthiopische Frau eine Vergewaltigung als Fluchtgrund angegeben hatte, thematisierte das Verwaltungsgericht Ansbach die erlittene sexuelle Gewalt nicht. Zwar wurde die Frau, die in einem Flüchtlingslager in Djibouti von den dortigen Sicherheitskräften mehrmals vergewaltigt worden war, als Asylberechtigte anerkannt. Das Gericht begründete seine Entscheidung jedoch ausschließlich mit der mangelnden Sicherheit vor einer Zwangsrückführung nach Äthiopien durch die djiboutischen Sicherheitskräfte.[178]

Auch in Fällen, in denen neben erlittener Folter auch wiederholte Vergewaltigungen als Fluchtgrund angegeben wurden, wird die sexuelle Gewalt von den Entscheidungsinstanzen oftmals nicht beachtet. So wurde eine somalische Frau als Asylbewerberin anerkannt, nachdem sie angegeben hatte, daß sie in ihrer Heimat gefoltert und vergewaltigt worden war. Das Gericht begründete die Asylgewährung zwar mit den erlittenen Verfolgungsmaßnahmen, bezog sich hierbei allerdings nur auf die Folter:

„Die vorgetragene Vergewaltigung wird mit keinem Wort erwähnt. Wenn man das Urteil liest, gewinnt man sogar den Eindruck, daß sich das Gericht für dieses Ereignis nicht interessiert hat und zum Beispiel im Rahmen seiner Aufklärungspflicht auch nicht versucht hat, die Umstände der Vergewaltigung zu ermitteln."[179]

Insgesamt hat die Vernachlässigung von sexueller Gewalt durch die asylrechtlichen Entscheidungsinstanzen zur Folge, daß sexuelle Gewalt häufig schon den für die Asylgewährung konstitutiven „ersten Schritt nicht schafft", nämlich nicht als von asylerheblicher Intensität gewertet wird.

Die zweite Schwierigkeit, die insbesondere Frauen betrifft, ergibt sich aus einer wesentlichen Einschränkung bei der Bestimmung von „Verfol-

---

[177] Deutscher Frauenrat/ Pro Asyl 1997, S. 2.

[178] Vgl. Margarete von Galen: Juristisches Gutachten zur asylrechtlichen Anerkennungsproblematik frauenspezifischer Verfolgung, in: Martina Schöttes (Hrsg.): Frauen auf der Flucht, Bd. 2: Weibliche Flüchtlinge im deutschen Exil, Berlin 1995, S. 83-132, hier S. 121. Künftig zitiert als: von Galen 1995.

[179] Vgl. ebd.

gung", die durch eine Entscheidung des Bundesverfassungsgerichts vorgenommen wurde. Hier wurde die „Unverletzlichkeit der Menschenwürde" nicht generell aus völkerrechtlichem Menschenrechtsschutz oder den Prinzipien der deutschen Rechtsordnung abgeleitet, sondern vor dem Hintergrund der Situation im Herkunftsstaat gesehen. Nach dieser Sichtweise können Beeinträchtigungen

„nur dann asylbegründend sein, wenn sie nach ihrer Intensität und Schwere die Menschenwürde verletzen und über das hinausgehen, was die Bewohner des Heimatstaats aufgrund des dort herrschenden Systems allgemein zu erdulden haben."[180]

Diese Auslegung kann gerade für Frauen eine Anerkennung als Asylberechtigte erschweren, die im Rahmen eines militärischen Konflikts von Vergewaltigung bedroht sind oder aufgrund der politischen Situation in ihrer Heimat fürchten, Opfer sexueller Gewalt zu werden:

„Je unterschiedsloser bestimmte Formen der Unterdrückung eingesetzt werden, desto seltener werden einzelne Flüchtlinge eine über das „landesübliche' Maß hinausgehende Drangsalierung nachweisen können."[181]

Sexuelle Gewalthandlungen in Konfliktsituationen stellen Tatbestände dar, die, da sie alle Frauen gleichermaßen betreffen können, nicht auf einzelne Personen konkretisiert sind. In der Konsequenz müssen sie innerhalb der herrschenden asylrechtlichen Logik nicht als „Verfolgung" bewertet werden.

Der Begriff „politisch": „Asylerhebliche Merkmale" und die Verantwortung des Herkunftsstaats

Die Anerkennung von Vergewaltigung als Asylgrund ist auch durch die im deutschen Asylrecht etablierte Interpretation des Begriffs „politisch" bestimmt. So müssen, selbst wenn sexuelle Gewalt als „Verfolgung" gewertet wird, mehrere Bedingungen gleichzeitig erfüllt sein, um eine Verfolgung als „politisch" im Sinne des Asylrechts zu bewerten. Dazu gehört, daß die Verfolgung die Frau in einem der in der Genfer Flüchtlingskonvention ge-

---

[180] Urteil des Bundesverfassungsgerichts vom 2.7.1980, in: Die Mitglieder des Bundesverfassungsgerichts (Hrsg.): Entscheidungen des Bundesverfassungsgerichts, Bd. 54, Tübingen 1981.
[181] Geiger 1991, S. 15.

nannten Verfolgungsgründe trifft, die im deutschen Asylrecht als „asylerhebliche Merkmale" bezeichnet werden. Zudem muß die erlittene sexuelle Gewalt dem Herkunftsstaat direkt zurechenbar sein. Verfolgte müssen zunächst wegen einem der in der Genfer Flüchtlingskonvention festgelegten Gründe Opfer der Verfolgung werden oder geworden sein.[182] Diese Kategorien der Genfer Flüchtlingskonvention, wie beispielsweise politische Überzeugung oder ethnische Zugehörigkeit, werden im Asylrecht als „asylerhebliche Merkmale" bezeichnet.

Mit dieser Konstruktion wird implizit eine Trennung der Verfolgungssituation in Verfolgungstatbestand und Verfolgungsgrund bzw. -ziel vorgenommen, wobei der Verfolgungstatbestand, in diesem Fall sexuelle Gewalt, daraufhin überprüft wird, ob eine Zielgerichtetheit der Verfolgung in Bezug auf ein „asylerhebliches Merkmal" erkennbar ist. Eine solche Zielgerichtetheit wird als „Finalität" bezeichnet:

„Es muß sich um einen gezielten Zugriff auf einzelne Menschen oder Gruppen im Rahmen einer systematisch geplanten und durchgeführten Strategie handeln, sog. 'finales' Handeln mit systematischer Eingriffstendenz. Eine rein zufälligreflexartige Betroffenheit ist daher asylunerheblich."[183]

Diese Auslegung von „politisch" hat somit zur Folge, daß Menschenrechtsverletzungen nicht automatisch Gründe sind, die die Gerichte für ausreichend erachten, um Flüchtlingen Asyl zu gewähren: In der Logik der herrschenden Asylgewährung müssen zu einer Verfolgungsmaßnahme die politischen Motive des Verfolgerstaates hinzukommen. Erst wenn diese – anhand ihrer Zielgerichtetheit auf ein „asylerhebliches Merkmal" – zu erschließen sind, kann die Verfolgung als asylrelevant betrachtet werden.[184]

„Im materiellen Asylrecht ist daher die Frage entscheidend, ob Frauen mittels sexueller Gewalt aufgrund ihrer Rasse, Religion, Nationalität, Zugehörigkeit zu einer bestimmten sozialen Gruppe oder wegen ihrer politischen Überzeugung verfolgt sind."[185]

Obgleich das Bundesverwaltungsgericht 1983 in einer Grundsatzentscheidung feststellte, daß Menschenrechtsverletzungen als ein Indiz für den politischen Charakter einer Verfolgungsmaßnahme betrachtet werden kön-

---

[182] Vgl. Bröker/Rautenberg 1986, S. 251.
[183] Fritsche 1991, S. 50.
[184] Vgl. Feldhoff 1992, S. 80.
[185] Gottstein 1986, S. 53.

nen[186], wird beispielsweise erlittene Folter nicht automatisch als politische Verfolgung gewertet. Vielmehr ist die Frage danach, warum eine Menschenrechtsverletzung droht oder stattgefunden hat, konstitutiv für die Asylgewährung. Dies führt dazu, daß sexuelle Gewalt ohne die Möglichkeit, sie mit einem asylerheblichen Merkmal in Verbindung zu bringen, nicht als asylrelevante Verfolgung betrachtet wird: Intensität und Mittel der Verfolgung sind dann irrelevant.

Der Umgang der bundesdeutschen Asylrechtsprechung mit Flüchtlingen, die eine Verfolgung durch Folter geltend gemacht haben, weist Parallelen zu der asylrechtlichen (Nicht-)Erfassung von Vergewaltigung auf und verdeutlicht die Probleme, die auch den asylrechtlichen Umgang mit sexueller Gewalt kennzeichnen. Die asylrechtliche Notwendigkeit, daß Folter aus „politischen" Gründen, also beispielsweise nicht im Rahmen einer Strafverfolgung stattgefunden haben muß, führt dazu, daß Menschen, die in ihrer Heimat Opfer von Folter geworden sind, oder denen bei ihrer Rückkehr Folter droht, deshalb nicht automatisch asylrechtlichen Schutz erlangen.[187] So werden Folterhandlungen häufig als nicht asylrelevant bezeichnet, da entsprechende Handlungen beispielsweise als „allgemeines kriminalpolitisches Phänomen"[188] in einem anderen Staat betrachtet werden.

„Sofern Folterungen und Mißhandlungen von den [...] Instanzen nicht negiert worden sind, sind geradezu groteske Überlegungen angestellt worden, um solche Handlungen zu rechtfertigen, bzw. als ,unpolitisch' und damit als nicht asylrelevant auszulegen."[189]

In der gleichen Weise schafft die Maßgabe, daß Verfolgungsmaßnahmen den beschriebenen „politischen" Charakter haben müssen, die Möglichkeit, erlittene oder drohende sexuelle Gewalt als „unpolitisch" aus der Asylgewährung „hinauszudefinieren".

Ein Beispiel für diese Problematik bietet der Fall einer makedonischen Asylbewerberin. Sie hatte angegeben, daß sie vor dem Hintergrund eines strafrechtlichen Ermittlungsverfahrens gegen ihren Vater von drei Polizisten in ihrer Wohnung vergewaltigt worden war. In der herrschenden Aus-

---

[186] Urteil des Bundesverwaltungsgerichts vom 17.5.1983, in: Entscheidungen des Bundesverwaltungsgerichts, Bd. 67, Berlin 1985.

[187] Vgl. Peter van Krieken: Folter und Asyl, in: Zeitschrift für Ausländerrecht 1 (1986), S. 20.

[188] Geiger 1991, S. 16.

[189] Bröker/Rautenberg 1986, S. 235.

legung der Asylgewährung gilt dies nicht als Vorliegen einer politischen Verfolgung: Wie bei der asylrechtlichen Einschätzung von Folter besteht auch hier das Problem darin, daß strafrechtliche Maßnahmen nicht als „politisch" betrachtet werden, auch wenn die Tatsache, daß eine Menschenrechtsverletzung stattgefunden hat, unstrittig ist:

> „Sie [die Antragstellerin] hat glaubhaft vorgetragen, daß sie vor ihrer Ausreise aus Makedonien in der Wohnung ihrer Eltern vergewaltigt worden ist. Das Gericht hält die Klägerin für glaubwürdig, da ihre Angaben, die sie in der mündlichen Verhandlung gemacht hat, in jeder Hinsicht mit ihrem Vorbringen widerspruchsfrei und übereinstimmend [sind] und somit kein Anhaltspunkt besteht, ihre Äußerungen in Zweifel zu ziehen, zumal in der Fachpresse von staatlicher Willkür durch exzessive Polizeigewalt berichtet wird."[190]

Obwohl in der Entscheidung des Gerichts die erlittene Vergewaltigung explizit gewürdigt wird und das Gericht um die Gefahr von Menschenrechtsverletzungen durch makedonische Amtsträger weiß, wird die sexuelle Gewalt nicht als politische Verfolgung betrachtet, da sie, so daß Gericht, nicht „an ein asylerhebliches Merkmal anknüpfend" stattgefunden hat:

> „Die der Klägerin zugefügte menschenrechtswidrige Behandlung durch makedonische Polizeibeamte aus Anlaß der Durchführung eines strafrechtlichen Ermittlungsverfahrens gegen ihren Vater kann dem makedonischen Staat nicht zugerechnet werden. [...] Vielmehr ist vorliegend von sogenannten Amtswalterexzessen auszugehen, für die der makedonische Staat nicht einzustehen hat.[191]

Die Tatsache, daß die Vergewaltigung „nur" aufgrund einer strafrechtlichen Ermittlung geschehen ist, macht in der Logik des herrschenden Asylrechts eine Anerkennung der betroffenen Frau als Asylberechtigte unmöglich.

Auch im Fall einer Moldawierin stellte die Täterschaft ein Problem für ihre Anerkennung als Asylberechtigte dar.[192] Der Grund für die Flucht der Frau war, daß sie vor dem Hintergrund krimineller Aktivitäten ihres Bruders von ihr unbekannten Männern vergewaltigt worden war. Zudem hatte sie ihrem Bruder zufolge zu befürchten, seinetwegen erneut Opfer von Gewalt zu werden. Die Anzeige der Vergewaltigung war nicht möglich: Die

---

[190] Verwaltungsgericht Karlsruhe, Urteil vom 29.8.1994, - A 12 k 16485/93 -, S. 10.

[191] Ebd. S. 9.

[192] Die Schilderung dieses Falles basiert auf Unterlagen des Bundesamtes für die Anerkennung ausländischer Flüchtlinge, die der Verfasserin lediglich zum internen Gebrauch vorlagen.

betroffene Frau war einige Zeit zuvor von Polizisten vergewaltigt worden und hatte deswegen Anzeige erstattet. In der Folge war sie von anderen Beamten unter Druck gesetzt worden, ihre Anzeige zurückzuziehen. Aus diesem Grund sah die Frau keine Möglichkeit, sich mit der Bitte um Schutz an die moldawische Polizei zu wenden. Trotz dieser Umstände wurde der Asylantrag abgelehnt. Zum einen waren beide Male die Vergewaltigungen nicht „an ein asylerhebliches Merkmal anzuknüpfen". Zum anderen befand das Bundesamt für die Anerkennung ausländischer Flüchtlinge, daß die erste Vergewaltigung „privaten Charakter" gehabt habe; die sexuelle Gewalt wurde in der Entscheidung der Behörde als „Amtswalterexzess" eingestuft. Daran änderte auch die Tatsache nichts, daß dem Bundesamt durch einen Bericht des Auswärtigen Amtes bekannt war, daß sexuelle Übergriffe durch Polizisten in Moldawien ein strukturelles Problem darstellen.

Neben der Frage, ob durch die Umstände einer Vergewaltigung das Kriterium der „Finalität" tatsächlich erfüllt ist, eröffnet die juristische Konstruktion, daß sexuelle Gewalt eine Frau in einem „asylerheblichen Merkmal" treffen muß, den Entscheidungsinstanzen auch die Möglichkeit, die Verfolgungsabsicht des Staates schlichtweg zu negieren und so einen möglichen Asylanspruch abzulehnen. 1986 entschied das Oberverwaltungsgericht des Landes Nordrhein-Westfalen, daß Festnahmen und sexuelle Übergriffe gegen tamilische Frauen „im allgemeinen keiner erkennbaren Regel" unterworfen seien, sondern willkürlich stattfänden und damit nicht asylrelevant seien.[193] Mit einer ähnlichen Begründung wurde das Asylbegehren einer Tamilin vom Oberverwaltungsgericht Berlin abgelehnt: Das Gericht nahm anhand der Tatsache, daß in nördlichen und östlichen Gebieten Vergewaltigungen häufig und offensichtlich planmäßig, im Süden jedoch nur vereinzelt stattfanden, eine unterschiedliche Einschätzung der in Sri Lanka für tamilische Frauen herrschenden Gefahren vor. Hierbei ermöglichte es die rechtliche Konstruktion der Notwendigkeit „zielgerichteter Verfolgung", die Übergriffe im Süden des Landes als „ohne politische Motivation erfolgend" zu definieren: damit seien sie „allenfalls Folgen allgemeiner Kriminalität", nicht jedoch asylrelevant.[194]

---

[193] Oberverwaltungsgericht für das Land Nordrhein-Westfalen, Urteil vom 18.9.1986, - 19A 10055/85, S. 35.

[194] Vgl. Oberverwaltungsgericht Berlin, Urteil vom 1.9.1986, 9 B 103.86, S. 20.

„Das Gericht differenziert also die Motive für die Übergriffe singhalesischer Soldaten auf Tamilinnen ausschließlich räumlich und ignoriert, daß sich die auf politischen und religiösen Differenzen basierenden Ursachen nicht durch regionale Gegebenheiten auflösen lassen."[195]

Auf diese Weise wird die Gefahr, Opfer sexueller Gewalt zu werden, die für alle tamilischen Frauen besteht, durch die juristische Auslegung des Begriffs „politisch" völlig unterschiedlich bewertet.

Ein anderes Beispiel für die Tatsache, daß in manchen Fällen die Entscheidungsinstanzen das Vorliegen einer „Finalität" nicht beachten und damit der innerhalb der Rechtsprechung entwickelten Logik der Asylgewährung nicht folgen, bietet der Fall einer anderen Tamilin. Sie war wegen ihrer Furcht vor einer Vergewaltigung durch das singhalesische Militär nach Deutschland geflohen und hatte einen Asylantrag gestellt. Auch wenn in diesem Fall selbst nach der Logik des deutschen Asylrechts die geforderte „Finalität" durchaus gegeben war, wurde ihr Antrag abgelehnt. Die Frau hatte angegeben, die Vergewaltigungen von anderen tamilischen Frauen miterlebt zu haben:

„Sie, die Beigeladene und ihre Schwester seien von der Mutter und den Brüdern versteckt worden. Sie hätten entsetzliche Angst gehabt. [...] Seit diesem Tag habe sie ganz vorsichtig gelebt und sich nur auf der Straße aufgehalten, wenn es unausweichlich gewesen sei. Sie habe, wenn ein Pulk Soldaten in der Nähe gewesen sei, immer aufpassen müssen; [...] Ihr sei nichts passiert, weil sie sich versteckt gehalten habe. Draußen seien die Willkürmaßnahmen weitergegangen, während sie im Haus versucht haben zu überleben. [...] Bei einer Rückkehr nach Sri Lanka hätte sie Angst um ihr Leben."[196]

Auch hier stellte das Gericht in seiner Urteilsbegründung zunächst die der Antragstellerin in ihrer Heimat drohende Menschenrechtsverletzung explizit dar und nahm auch die psychischen und sozialen Folgen einer Vergewaltigung in ihrer ganzen Dimension zur Kenntnis:

„Die vorwiegend bei der Großoffensive der IPKF verübten Vergewaltigungen sind auch unter Berücksichtigung dessen, daß ein solcher Übergriff nicht nur als strafwürdiges Verbrechen, sondern als Akt brutaler, verabscheuungswürdiger Menschenverachtung zu bewerten ist, und daß zu den stets gegebenen körperlich-seelischen Schäden in der hindui-

---

[195] Gebauer 1988, S. 124.

[196] Oberverwaltungsgericht für das Land Nordrhein-Westfalen, Urteil vom 14.6.1996, - 21 A 5046/94.A -, S. 3.

stisch-tamilischen Kultur zusätzliche Folgen wie die soziale Ächtung der Vergewaltigungs-opfer hinzutreten, von denen die Selbsttötung zur Tilgung der eigenen Schande und derjenigen der Familie erwartet wird [...], nicht dem Tatbestand einer dem Staat zuzurechnenden Verfolgung, sondern dem Bereich der Exzesse einzelner zuzuweisen.[197]

Die Ausführlichkeit, mit der das Wissen um die in Sri Lanka herrschende Bedrohung von tamilischen Frauen durch sexuelle Gewalt und um die Bedeutung von Vergewaltigung für die Opfer hier beschrieben wird, steht im krassen Gegensatz zu der lakonischen Feststellung, daß die sexuelle Gewalt trotzdem nicht asylrelevant sei, da sie dem Staat nicht zurechenbar sei.

Die asylrechtliche Konstruktion, derzufolge eine Vergewaltigung an ein asylerhebliches Merkmal anknüpfbar sein muß, um als „politische Verfolgung" zu gelten, hat so zweierlei zur Folge. Zum einen ist sexuelle Gewalt durch diese Auslegung in manchen Fällen nicht als asylrelevant zu betrachten: Vergewaltigungen, die im Zuge einer Strafverfolgung stattfanden oder die – wie im Fall einer rumänischen Frau –[198] als „Strafe" im Rahmen einer sexuellen Erpressung verübt wurden und somit Frauen „nur" in ihrer Eigenschaft als Frau treffen, erfüllen nicht das Kriterium der „politischen" Verfolgung. Zum zweiten ermöglicht es die herrschende Auslegung des Begriffs „politisch" auch, wie in den beschriebenen Fällen der tamilischen Frauen, sexuelle Gewalt willkürlich als „unpolitisch" zu definieren und damit eine Asylrelevanz zu negieren, auch wenn eine „Finalität" – in diesem Fall die Zugehörigkeit zu einer ethnischen Gruppe, „wegen" der die Vergewaltigungen stattfinden – objektiv vorhanden ist.

Der andere Aspekt, der das Vorliegen einer „politischen Verfolgung" im asylrechtlichen Entscheidungsprozeß bestimmt, ist die Notwendigkeit, daß die Verfolgung dem Herkunftsstaat direkt zurechenbar sein muß. So gilt zunächst grundsätzlich, daß, im Gegensatz zu einer möglichen Verfolgung durch Privatpersonen oder nicht-staatliche Organisationen, der Herkunftsstaat für die Verfolgung verantwortlich sein muß:

„Da in der Rechtsprechung ein Staats- und Politikbegriff herrscht, der das unmittelbare (unrechtmäßige) Handeln der jeweiligen Staatsmacht in den Mittelpunkt stellt, sind fast alle

---

[197] Ebd., S. 11.
[198] Vgl. Kapitel 2.3.2. dieser Arbeit.

Beeinträchtigungen von Rechtsgütern, die nicht unmittelbar auf staatliches Unrecht zurückzuführen sind, vom Asylschutz ausgenommen."[199]

„Politische Verfolgung" aufgrund von sexueller Gewalt ist demzufolge nur dann gegeben, wenn die entscheidenden Instanzen darin ein direktes Handeln des Herkunftsstaates ausgedrückt sehen. Zwar kann auch ein Dulden von sexueller Gewalt durch den Herkunftsstaat als asylrelevant betrachtet werden. Da jedoch gleichzeitig argumentiert wird, daß kein lückenloser Schutz durch einen Staat eingefordert werden kann, führt eine Tolerierung von sexueller Gewalt durch einen Staat häufig nicht zu einer Asylanerkennung in Deutschland.[200]

Innerhalb des Konzepts staatlicher Verantwortung, das die deutsche Asylgewährung bestimmt, erweist sich die Einschätzung von Vergewaltigungen durch staatliche Amtsträger als besonders Problem:

„Frauenspezifische Verfolgungen werden [...] meist als private Übergriffe durch Dritte bewertet, auch wenn die Verfolger ihre Stellung als Amtsperson mißbrauchen und/oder der Staat die Verfolgungen stillschweigend duldet und den erforderlichen Schutz versagt."[201]

So wurde eine zairische Frau, die nach einer Demonstration von einem Offizier vergewaltigt worden war, vom Bundesamt mit der Begründung abgelehnt,

„daß der Offizier nicht als Vertreter einer staatlichen Behörde aufgetreten sei. Vielmehr hat er sich – bei Wahrunterstellung des Vorbringens der Antragstellerin – privat belustigt. Diese von der Antragstellerin vorgebrachten Beeinträchtigungen stellen ausschließlich Übergriffe privater Dritter dar.'"[202]

Der Fall einer georgischen Staatsangehörigen, die der kurdisch-yezidischen Minderheit angehört, bietet ein Beispiel für die juristische Auslegung, nach der Menschenrechtsverletzungen durch nicht-staatliche Organisationen keine politische Verfolgung darstellen. Die betroffenen Frau war in ihrer Heimat zusammen mit ihrer Familie kontinuierlich von einer Gruppe georgischer Nationalisten bedroht worden. Zu den Repressalien zählten zunächst

---

[199] Bröker/Rautenberg 1986, S. 248.

[200] In der für diese Arbeit ausgewerteten Sekundärliteratur sowie in den vorliegenden Bundesamtsentscheidungen gab es keine Beispiele für eine Asylgewährung aufgrund eines staatlichen Duldens von sexueller Gewalt.

[201] Deutscher Frauenrat/Pro Asyl 1997, S. 2.

[202] Ebd.

telephonische Todesdrohungen; in der Folge wurde die Schuhmacherwerkstatt des Vaters der Antragstellerin angezündet. Die betroffene Frau selbst wurde von ihr unbekannten Männern, die in das Haus der Familie eindrangen, vergewaltigt. Daraufhin entschloß sich die Familie zu fliehen. Das zuständige Gericht selbst zitiert in seiner Entscheidung ein Gutachten der „Gesellschaft für bedrohte Völker", in dem dargestellt wird,

„daß die elementarsten Menschenrechte in Georgien regelmäßig verletzt werden, daß aber der georgische Zentralstaat noch nicht in vollem Umfang in der Lage sei, die Einhaltung von Recht und Ordnung zu überwachen."[203]

Gleichzeitig wird ebenfalls vom Gericht selbst in der Urteilsbegründung die Situation der Antragstellerin und ihrer Familie im Heimatstaat beschrieben:

„Danach stellen sich die Situation der Kläger in Georgien so dar, daß sie von einer Gruppe georgischer Nationalisten ernstlich bedroht und an Leib, Leben und Eigentum nicht unerheblich geschädigt worden sind. Ursprünglich richteten sich die Angriffe insbesondere gegen den Ehemann und Vater der Kläger, dessen Schuhmacherwerkstatt [...] angezündet worden war.[...] Die Klägerin [...] hatte einen Angriff auf ihre körperliche Unversehrtheit zu erdulden [...]."[204]

Während das Gericht so explizit die Gefahr für die Familie im Heimatstaat und die gegen die Tochter begangene Gewalttat zur Kenntnis nimmt und selbst bestätigt, daß der georgische Staat der betroffenen Familie keinen Schutz bietet, wird die von der Vergewaltigung betroffene Frau als Asylberechtigte abgelehnt, da die erlittene Verfolgung nicht vom Herkunftsstaat ausgehe.

Aufgrund der herrschenden Auslegung von „politischer Verfolgung" können auch Frauen, die aufgrund kultureller oder sozialer Normen Schutzmöglichkeiten in ihrer Heimat nicht in Anspruch nehmen können, keinen Asylanspruch geltend machen. Dies verdeutlicht eine Entscheidung über die Asylanträge tamilischer Frauen, denen bei Bekanntwerden der erlittenen Vergewaltigung in ihrem Heimatland die Aufforderung zum Selbstmord drohte. Die Möglichkeit, eine solche Situation als das Vorliegen asylrelevanter Verfolgung zu werten, wurde von der Entscheidungsinstanz verneint:

---

[203] Verwaltungsgericht Hannover, Urteil vom 1.4.1996, - 2A 1533/95. Hi -, S. 7.
[204] Ebd.

„[...] das OVG Berlin entschied, die Übergriffe auf Tamilinnen seien dem Sri Lankanischen Staat nicht anzurechnen, weil tamilische Vergewaltigungsopfer ‚aufgrund ihrer hinduistisch-tamilisch geprägten Erziehung häufig von einer Anzeige in solchen Fällen absehen und deshalb staatlichen Schutz gar nicht in Anspruch nehmen.‘"[205]

Das bestehende Konzept staatlicher Verantwortung stellt auch eine Schwierigkeit für Frauen dar, die nach einer Vergewaltigung ihren Heimatstaat wegen sozialer Stigmatisierung und materieller Not verlassen müssen. Dies verdeutlicht der Fall einer jugoslawischen Staatsangehörigen, die wegen einer Vergewaltigung einen Asylantrag stellte.[206] Die Frau, die der Volksgruppe der Roma angehörte, war von vier Männern vergewaltigt worden. In der Folge kam es zu massiven Konflikten mit ihrem Lebensgefährten: Er beschuldigte sie, sich absichtlich mit den Männern, die sie vergewaltigt hatten, eingelassen zu haben, und begann, sie zu schlagen. Schließlich zwang er sie, die gemeinsame Wohnung zu verlassen. Für kurze Zeit nahmen Verwandte sie auf. Da diese jedoch nicht in der Lage waren, für ihren Unterhalt aufzukommen, konnte sie dort nicht dauerhaft wohnen. Zudem befürchtete die Frau, daß ihr Lebensgefährte sie wegen der erlittenen Vergewaltigung umbringen könnte. Da ihr in ihrer Heimat keine Existenzgrundlage blieb, entschloß sie sich, in Deutschland um Asyl nachzusuchen. Ihr Asylantrag wurde abgelehnt, da es sich bei der Verfolgung um eine „private" Vergewaltigung gehandelt hatte. Zwar wurde in der Entscheidung davon ausgegangen, daß die Frau möglicherweise aufgrund ihrer Zugehörigkeit zur Volksgruppe der Roma der Verfolgung ausgesetzt war; jedoch erfüllte der „private" Charakter der Tat nicht den Tatbestand der „politischen Verfolgung". Die Tatsache, daß die Frau aufgrund der Vergewaltigung ihre Lebensgrundlage verloren hatte, hatte für die Asylgewährung keine Bedeutung. Dementsprechend wird in der Entscheidung des Bundesamtes für die Anerkennung ausländischer Flüchtlinge die Ablehnung als Asylberechtigte damit begründet, daß die sexuelle Gewalt weder eine gezielte staatliche noch eine dem Staat zurechenbare Verfolgung darstellt.

---

[205] Jutta Brüdersdorf: Die Problematik des weiblichen Flüchtlings, in: Materialdienst Asyl 3 (1993), S. 20.
[206] Die folgende Schilderung dieses Falles basiert auf Informationen des Bundesamtes, die der Verfasserin lediglich zum internen Gebrauch vorlagen.

Das herrschende Konzept staatlicher Verfolgung hat besonders schwerwiegende Konsequenzen für Menschen, die aus Bürgerkriegssituationen nach Deutschland fliehen.[207]

„Eine weitere Schutzlücke im deutschen Asylverfahren betrifft nicht nur, aber besonders dramatisch Frauen [...] So haben Asylsuchende, die ihre Flucht mit einer nicht-staatlichen Verfolgung, z.B. im Kontext eines Bürgerkrieges begründen, kaum eine Chance im deutschen Asylverfahren."[208]

Diese Problematik wird in verschiedenen Entscheidungen über Asylanträge von Frauen, die eine Vergewaltigung als Fluchtgrund angegeben hatten, deutlich. So kam das Verwaltungsgericht Oldenburg bezüglich der Klage einer staatenlosen Christin, die im libanesischen Bürgerkrieg von Angehörigen der „Hisbollah" vergewaltigt worden war, zunächst zu dem Schluß, daß die Frau die Vergewaltigung zu spät ins Asylverfahren eingebracht habe, um die sexuelle Gewalt auf ihre Asylrelevanz zu prüfen:[209]

„Letztlich komme es darauf aber auch nicht an, denn die Klägerin mache mit diesem Vortrag [der Vergewaltigung] ohnehin nur Bürgerkriegsfolgen geltend, die nicht zur Anerkennung führen könnten."[210]

In einem anderen Fall floh ein liberianisches Ehepaar wegen des Bürgerkriegs in ihrer Heimat nach Deutschland. Weil der Mann, der von einer der

---

[207] Vgl. hierzu: amnesty international: Zwei Jahre deutsches Asylrecht. Auswirkungen des geänderten Asylrechts auf den Rechtsschutz von Flüchtlingen, Bonn 1996, S. 43ff. Künftig zitiert als: amnesty international 1996.

[208] Judith Kumin: Grußwort der Vertreterin des Hohen Flüchtlingskommissars der Vereinten Nationen (UNHCR) in der Bundesrepublik Deutschland, in: „'Flucht ins Asyl?' Zur Situation von Flüchtlingsfrauen im Asylverfahren und in Sammelunterkünften", Fachtagung des Gustav-Stresemann-Instituts am 28.9.1995, Bonn 1995, S. 6.

[209] Vom Bundesamt für die Anerkennung ausländischer Flüchtlinge und von den Gerichten wird, wenn sexuelle Gewalt von betroffenen Frauen nicht bei der ersten Anhörung durch das Bundesamt erwähnt wird, eine spätere Thematisierung der erlittenen sexuellen Gewalt häufig als „widersprüchliche Aussage " betrachtet bzw. als „gesteigertes Vorbringen" und damit als unglaubwürdig bewertet. Mit der Neufassung des Asylverfahrensgesetzes von 1992 ist ein solches Vorgehen juristisch legitimiert worden. Vgl. hierzu: Gottstein 1994, S. 19. Insbesondere für Frauen, die Opfer einer Vergewaltigung wurden, ist ein solches Vorgehen problematisch. Betroffene Frauen sehen sich bei der Anhörung beim Bundesamt aus verschiedenen Gründen häufig nicht in der Lage, über derart intime und traumatische Erlebnisse auszusagen. Vgl. hierzu: Dieregsweiler 1997, S. 66-75.

[210] von Galen 1995, S. 121.

am Konflikt beteiligten Gruppen zwangsrekrutiert worden war, in den Verdacht geraten war, für eine rivalisierende Gruppe spioniert zu haben, wurde die Frau in seiner Gegenwart vergewaltigt. Obwohl in der Entscheidung des Bundesamtes die Glaubwürdigkeit des Ehepaares ausdrücklich bestätigt wird, wurde ihr Asylantrag aufgrund der Tatsache, daß sie aus einer Bürgerkriegssituation geflohen waren, als „offensichtlich unbegründet" abgelehnt. Dies bedeutete die sofortige Abschiebung:

Dies geschah, obwohl für sie bei einer Rückführung in ihr Herkunftsland von einer offensichtlichen Gefahr ausgegangen werden konnte. Ihr derzeitiger Aufenthaltsort ist unbekannt.“[211]

1993 wurden bosnische Asylbewerberinnen, die angegeben hatten, in ihrer Heimat von Angehörigen der serbischen Armee vergewaltigt worden zu sein, als Asylbewerberinnen vom Bundesamt für die Anerkennung ausländischer Flüchtlinge abgelehnt, so daß ihnen die Abschiebung zurück nach Bosnien drohte. Auch diese Entscheidung stand im Einklang mit der Ansicht, daß Vergewaltigungen im Bürgerkrieg nicht asylrelevant sind. Obgleich das Bundesamt für die Anerkennung ausländischer Flüchtlinge in diesem Fall – vor dem Hintergrund ausführlicher Presseberichterstattung über die Vergewaltigungen im bosnischen Bürgerkrieg und aufgrund massiver öffentlicher Proteste – einen Entscheidungsstop über die Anträge bosnischer AsylbewerberInnen verhängte, so daß die betroffenen Frauen zumindest nicht nach Bosnien abgeschoben wurden, ist die Verweigerung asylrechtlichen Schutzes für Frauen aus Bürgerkriegssituationen gängige Praxis, die der herrschenden Auslegung von „politischer Verfolgung" entspricht:[212] Das Bundesverwaltungsgericht hat erklärt, daß das Asylrecht

---

[211] Rupert Colville: Nichtstaatliche Verfolgung anerkennen, in: Flüchtlinge 3 (1995), S. 17.

[212] Vgl. Dieregsweiler 1997, S. 95. Im Zuge der Grundgesetzänderung von 1993 wurde durch die Einfügung des neuen §32a in das deutsche Ausländergesetz eine Regelung für die Aufnahme von Kriegs- und Bürgerkriegsflüchtlingen getroffen. Die Anwendung dieser Regelung ist bisher jedoch nicht erfolgt, da sich Bund und Länder einstimmig über die Aufnahme von Flüchtlingen aus einem bestimmten Gebiet einigen müssen und da keine Einigkeit über die Finanzierung besteht. Überdies wurde die Anwendung der Regelung bisher lediglich für Flüchtlinge aus Bosnien gefordert. Die Aufnahme von Menschen, die vor dem Bürgerkrieg in Ruanda, Liberia oder Afghanistan fliehen, wurde in der politischen Debatte bisher nicht in Betracht gezogen. Die Aufenthaltsgenehmigung nach §32a wäre lediglich mit einer befristeten Aufenthaltsbefugnis verbunden (vgl. amnesty international 1996, S. 44).

nicht die Aufgabe habe, „vor den allgemeinen Unglücksfolgen zu bewahren, die aus Krieg, Bürgerkrieg, Revolution und sonstigen Unruhen hervorgehen."[213] Die Logik der asylrechtlichen Entscheidungsfindung in bezug auf Menschenrechtsverletzungen im Bürgerkrieg wird in der folgenden Urteilsbegründung deutlich:

„Die Kammer übersieht nicht, daß die Bürgerkriegsparteien in Bosnien-Herzegowina Internierungslager unterhalten, in denen auch zahlreiche Todesfälle zu verzeichnen sind, daß Flüchtlingstrecks mit Artilleriegeschossen angegriffen worden sind oder daß etwa in gro-

---

Durch den Beschluß, bosnische Flüchtlinge im Rahmen von humanitären Sonderkontingenten aufzunehmen, konnten auch Frauen, die Opfer von Folter und Vergewaltigung geworden waren, innerhalb dieser Maßnahme in die Bundesrepublik einreisen. Für öffentliche Empörung sorgte hierbei die Entscheidung des Auswärtigen Amtes, daß nur Frauen einreisen dürften, die die erlittene Vergewaltigung oder sonstige Mißhandlungen durch ein Attest nachweisen konnten. Unter dem öffentlichen Druck, der einsetzte, als diese Entscheidung bekannt wurde, wurde die Anordnung wieder rückgängig gemacht (vgl. „Bosnische Frauen nach Bremen geholt", in: die tageszeitung, 26.4.1993, S. 8.).
Die Probleme, die eine solche befristete Aufnahme mit sich bringt, verdeutlicht die seit 1996 andauernde Kontroverse über die sog. „Rückführung" bosnischer Flüchtlinge in ihre Heimat (vgl. amnesty international 1996, S. 44.). In ihrem Aufruf, bosnischen Frauen, die im Krieg vergewaltigt wurden, ein gesichertes Bleiberecht in Deutschland zu verschaffen, schreibt dazu die Frauenorganisation Medica Mondiale: „Auch wenn der Krieg beendet ist, für die Opfer bleiben die Folgen von Vergewaltigung, Folter und Vertreibung jedoch gegenwärtig. Das Ende des Krieges bedeutet für traumatisierte Frauen erneute Angst. Ihnen droht nun die Abschiebung [...] in eine gewalttätige Nachkriegsgesellschaft. „Rückkehr" heißt für die meisten Frauen aus Bosnien die Reise an einen fremden Ort, ohne Wohnung, ohne Arbeit. [...] Mehr als 70 Prozent der in die BRD geflüchteten Frauen lebten vor dem Krieg in den heute serbisch besetzten Gebieten. Eine Rückkehr dorthin ist ausgeschlossen. Die Behörden der wenigen in frage kommenden Rückkehrorte sind völlig überfordert. Die Rückkehrwilligen sind weder willkommen noch vor Gewalt sicher. [...] Auf die traumatisierten Frauen, die sich aus Deutschland ‚entfernen' sollen, wie es in den Anordnungen heißt, wartet eine erneute Vertreibung. [...] Bislang werden die Täter nirgendwo konsequent verfolgt. Traumatisierte Flüchtlingsfrauen haben also berechtigte Angst, ihren Folterknechten zu begegnen, die sich [...] frei bewegen. Jede Frau, die schon einmal Angst vor Männergewalt hatte, weiß, was ein Leben mit solchen Nachbarn bedeutet. [...] Frauen dorthin zurückzuschicken ist unmenschlich!" (Aufruf zur Frauenkampagne von Medica Mondiale. „Ich mische mich da ein!", in: Süddeutsche Zeitung, 29.3.1997, S. 11). Folglich stellt keine der bestehenden Regelungen eine angemessene Alternative zu asylrechtlichem Schutz dar.
[213] Otto Kimminich: Neue Probleme im Asylrecht – Krieg, Bürgerkrieg, Flucht und Vertreibung heute –, in: AWR-Bulletin 17 (1994), S. 169.

ßem Umfang insbesondere moslemische Frauen vergewaltigt worden sind. [...]. Dabei handelt es sich jedoch nach Überzeugung des Gerichts um Vorkommnisse und Verhaltensweisen, wie sie in Kriegs- und Bürgerkriegssituationen nach aller Erfahrung tatsächlich nicht ungewöhnlich sind. [...] Nach alledem sind Asylbewerber aus Bosnien-Herzegowina im Falle einer Rückkehr dorthin im gegenwärtigen Zeitpunkt oder in absehbarer Zukunft drohende Gefahren *asylrechtlich* nicht relevant."[214]

Die reale Situation von Frauen in Bürgerkriegssituationen ist von einer erhöhten Gefährdung durch sexuelle Gewalt in einem brutalisierten und rechtlosen Umfeld und folglich von einer großen Schutzbedürftigkeit von Frauen gekennzeichnet. Wie sehr diese Tatsache im Gegensatz zur asylrechtlichen Beurteilung von Vergewaltigung im Bürgerkrieg steht, wird in der folgenden Entscheidung deutlich: Im Rahmen der Erörterung der Frage, ob Menschenrechtsverletzungen durch Privatpersonen dem Staat zurechenbar sein können, kam das Bundesamtes für die Anerkennung ausländischer Flüchtlinge zu der lakonischen Feststellung:

„In Somalia stelle sich letztere Frage nicht, da die Staatsgewalt zusammengebrochen sei. Es herrsche Anarchie und somit könne dort eine politische Verfolgung grundsätzlich nicht mehr stattfinden."[215]

Wie gezeigt wurde, führt die herrschende Auslegung des Begriffs der „politischen Verfolgung", die das staatliche Betreiben einer Verfolgungsmaßnahme für eine asylrechtliche Anerkennung voraussetzt, dazu, daß die Verfolgung durch Privatpersonen oder nicht-staatliche Akteure in der Bundesrepublik nicht als asylrelevant betrachtet wird. Staatliche Verantwortung, ausschließlich interpretiert als aktives Handeln der Staatsmacht des Herkunftsstaates, hat auch zur Folge, daß all jene Frauen, die vor dem Hintergrund einer Bürgerkriegssituation Opfer einer Vergewaltigung wurden, nicht mit Schutz vor sexueller Gewalt in der Bundesrepublik rechnen können.

Insgesamt liegen der asylrechtlichen Interpretation des Begriffs der „politischen" Verfolgung somit zwei Prinzipien zugrunde, die gemeinsam konstitutiv für eine Asylgewährung aufgrund von sexueller Gewalt sind: Zum einen muß eine Vergewaltigung „wegen" einem der durch die Genfer

---

[214] Bayerisches Verwaltungsgericht Ansbach, Urteil vom 27.5.1993, AN 5 K 92. 39428, S. 9.
[215] pogrom, 169 (1993), S. 12.

Flüchtlingskonvention festgeschriebenen Merkmale stattgefunden haben oder drohen. Zum anderen muß der Herkunftsstaat die Verfolgung aktiv betreiben oder dulden.

3.3 Fazit: Die Bewertung von Vergewaltigung im deutschen Asylrecht

Die Betrachtung der in der Bundesrepublik herrschenden Grundsätze der Asylgewährung zeigt, daß die Prinzipien, die das Asylrecht bestimmen, verschiedene Ausschlußmechanismen darstellen, die die Bewertung von Vergewaltigung als Asylgrund häufig verhindern. Dafür ist sowohl die Gestaltung des novellierten Art. 16a durch den Gesetzgeber als auch die Auslegung von „politischer Verfolgung" auf juristischer Ebene verantwortlich.

Zunächst ist durch die im Rahmen der Grundgesetzänderung von 1993 vorgenommenen Einschränkungen der Zugang zum Asylverfahren für alle Flüchtlinge in umfassender Weise erschwert worden. So wurde auch für Opfer sexueller Gewalt die Möglichkeit, den benötigten asylrechtlichen Schutz zu bekommen, auf diese Weise massiv eingeschränkt. Der novellierte Art. 16 setzt bei der Prüfung einer Asylrelevanz nicht bei Fluchtgründen selbst an, sondern bestimmt andere Faktoren als konstitutiv für die Asylgewährung: Mit Kategorien wie „sicheren Herkunftsstaaten" und „sicheren Drittländern" wird so schon „vor" einer rechtlichen Beurteilung des Verfolgungsschicksals ein asylrechtlicher Schutz von Opfern sexueller Gewalt verhindert.

Frauen, die die „Hürden", die der neugestaltete Art. 16 beinhaltet, „überwinden", treffen mit ihrem Verfolgungsschicksal auf eine Auslegung des Begriffs der „politischen Verfolgung", die auf mehreren Ebenen für die Anerkennung von Vergewaltigung als Asylgrund problematisch ist.

Dies hängt zunächst mit der frauenspezifischen Dimension von Vergewaltigung als Fluchtgrund zusammen, die von den Prinzipien der Asylgewährung nicht erfaßt wird: Vergewaltigung ist im gesellschaftlichen Bewußtsein nicht in ihrer Bedeutung als Gewalttat verankert und wird dementsprechend häufig nicht als „Verfolgung" bewertet. Darüberhinaus kann die Beschränkung des asylrechtlichen Schutzes auf Verfolgungstatbestände, die sich auf einzelne Personen konkretisiert haben, zu einer negativen Beurteilung der Asylanträge von Vergewaltigungsopfern führen.

Die nächste Schwierigkeit bezüglich der asylrechtlichen Anerkennung von Vergewaltigung liegt in der Bestimmung des Begriffs „politisch". Selbst wenn erlittene sexuelle Gewalt als „Verfolgung" gewürdigt wird, muß zum einen eine „Zielgerichtetheit der Verfolgungsmaßnahme" gegeben sein. Auch hier kann es aufgrund der beschriebenen Begrenzung von Verfolgungsgründen durch die Genfer Flüchtlingskonvention in der herrschenden Rechtsprechung häufig nicht zu einer asylrechtlichen Anerkennung aufgrund von sexueller Gewalt kommen. So kann lediglich eine Verfolgung aufgrund von politischer Opposition oder ethnischer Zugehörigkeit oder einem anderen in den Entscheidungsgrundlagen explizit genanntem Fluchtgrund als asylrelevant eingeordnet werden: Vergewaltigungen, die Frauen „nur als Frau" treffen, ohne daß ein anderer „Grund" vorliegt, sind somit von der Asylgewährung ausgeschlossen.

Gleichzeitig bedeutet das der Asylgewährung zugrundeliegende Konzept staatlicher Verantwortung eine bedeutende Hürde für Frauen, die wegen sexueller Gewalt in der Bundesrepublik Schutz suchen. Wie sich gezeigt hat, sind aufgrund der herrschenden Auslegung von „politischer Verfolgung" nur solche Verfolgungshandlungen asylrelevant, die vom Herkunftsstaat aktiv betrieben werden. Hierbei wird ein Konzept staatlicher Verantwortung zugrundegelegt, das sowohl eine Verfolgung durch Privatpersonen oder durch nicht-staatliche Gruppen oder Organisationen, als auch häufig die Duldung oder Schutzunfähigkeit eines Staates gegenüber Menschenrechtsverletzungen als nicht asylrelevant betrachtet. Diese enge Definition von staatlicher Verantwortung führt dazu, daß viele Fälle von sexueller Gewalt, die Frauen zur Flucht bewegen, von der Asylgewährung ausgeschlossen sind.

Die herrschende Interpretation von „politisch" bedeutet auch, daß Vergewaltigungen durch staatliche Amtsträger häufig als nicht asylrelevant betrachtet werden. Dies liegt daran, daß das deutsche Asylrecht Vergewaltigungen durch staatliche Amtsträger nicht automatisch dem Staat zurechnet. So kommt es dazu, daß sexuelle Gewalt durch Soldaten oder Polizisten in manchen Fällen lediglich als „Amtswalterexzess" bezeichnet wird, da die betroffene Frau „nur" in ihrer Eigenschaft als Frau und nicht wegen eines „asylerheblichen Merkmals" vergewaltigt worden ist. Zum anderen wird in manchen Fällen die Auffassung vertreten, daß der Täter „privat" gehandelt habe und somit das Erfordernis „staatlicher Verantwortung" nicht gegeben sei. In dieser Weise werden Vergewaltigungen durch staatliche Amtsträger häufig durch die Konstruktion, daß eine Gewalttat dann „politisch" ist, wenn staatliche Verantwortung und „Finalität" gemeinsam gegeben sind, als „unpolitisch" aus der Asylgewährung „hinausdefiniert".

So ergibt sich in der bestehenden Rechtsprechung ein Umgang mit Vergewaltigung, bei dem nur sexuelle Gewalt, die unter bestimmten Umständen stattgefunden hat, als asylrelevant betrachtet werden kann: In der Bundesrepublik ist nur dann asylrechtlicher Schutz zu erwarten, wenn die sexuelle Gewalt als „Verfolgung" gewertet wird und vom Herkunftsstaat aktiv wegen eines der in der Genfer Flüchtlingskonvention genannten Merkmale betrieben wurde oder zu befürchten ist oder dem Staat als mittelbare Verfolgung zugerechnet wird.

An einigen der beschriebenen Fälle ist jedoch auch deutlich geworden, daß, selbst wenn diese Kriterien der Asylgewährung objektiv erfüllt sind, es möglich ist, Verfolgungserfahrungen aus der Asylgewährung „hinauszudefinieren": So schaffen die der Asylgewährung zugrundegelegten Prinzipien die Möglichkeit, die Asylrelevanz von Verfolgungssituationen aufgrund willkürlicher Interpretationen zu negieren. Solche Bewertungen von sexueller Gewalt als „unpolitisch" oder als „Folgen allgemeiner Kriminalität" sind nur deshalb möglich, weil die asylrechtlichen Kriterien nicht bei der sexuellen Gewalt selbst ansetzen, sondern die Umstände, unter denen die Gewalttat geschieht oder droht, als konstitutiv für die Asylgewährung betrachten.

Insgesamt bestehen in Hinblick auf sexuelle Gewalt als Asylgrund Ausschlußmechanismen, die dazu führen, daß die Verfolgungserfahrung vieler Frauen nicht in einen Asylanspruch umgesetzt wird. Diese Prinzipien, die die Anwendung und die Auslegung des Begriffs der „politischen Verfolgung" bestimmen, haben zur Folge, daß lediglich ein Bruchteil der Frauen, die wegen erlittener oder befürchteter sexueller Gewalt in der Bundesrepublik asylrechtlichen Schutz suchen, mit einer positiven Entscheidung rechnen können.

4 Zusammenfassung

Beim asylrechtlichen Schutz von Frauen, die aufgrund von sexueller Gewalt ihre Heimat verlassen mußten, bestehen in der Bundesrepublik große Defizite, die nicht durch einige Ergänzungen innerhalb des Asylrechts behoben werden können – dies ist das Fazit aus den Ergebnissen dieser Arbeit.

Die Untersuchung hat gezeigt, daß es Umstände gibt, die Frauen zwingen, aufgrund von sexueller Gewalt ihre Heimat zu verlassen. Vergewaltigungen werden von Männern gegen Frauen verübt – als feindselige und zerstörerische Gewalttaten, die eine massive Traumatisierung des Opfers zur Folge haben. Die Tatsache, daß sexuelle Gewalt in ihrer Schwere zudem mit Folterhandlungen vergleichbar ist, muß zu der Feststellung führen, daß Frauen vor dieser Form von Gewalt asylrechtlich geschützt werden müssen. In dieser Arbeit ist ein Konzept entwickelt worden, das Grundsätze für die Notwendigkeit asylrechtlichen Schutzes vor sexueller Gewalt formuliert und somit die Asylrelevanz von sexueller Gewalt definiert: Frauen benötigen Schutz vor sexueller Gewalt, die ihr Herkunftsstaat betreibt oder vor der er sie nicht schützt – unter diesen Umständen muß sexuelle Gewalt Asylgrund sein.

Bei der Betrachtung der Prinzipien, die die Asylgewährung in der Bundesrepublik bestimmen, ist deutlich geworden, daß die derzeitige Asylgewährungspraxis sowohl in der Novellierung des Art. 16 GG durch den Gesetzgeber als auch in der juristischen Interpretation des Grundgesetzartikels begründet ist. Dabei sind die Einschränkungen, die im neuen Art. 16a GG vorgenommen wurden, als Resultat der politischen Bestrebungen anzusehen, die die deutsche Asylpolitik seit Ende der 1970er Jahre bestimmen und in denen sich der politische Wille manifestiert, den Zugang zum Asylrecht zu verhindern und den Zuzug von Flüchtlingen abzuwehren. Gleichzeitig hat auch auf der juristischen Ebene die Intention des Parlamentarischen Rates, eine möglichst breite und großzügige Asylgewährung in Deutschland zu gewährleisten, faktisch zu einer inhaltlichen Bestimmung von „politischer Verfolgung" durch das Bundesverwaltungsgericht geführt, die eine restriktive Auslegung des Begriffs darstellt: Die herrschende Lehre des Erfordernis einer staatlichen Verfolgung für eine Asylgewährung wirkt als ein Mechanismus, mit dem auf juristischem Wege die politische Gestaltung des Asylrechts zum Teil übernommen wurde. Diese inhaltliche Konkretisierung von „Politischer Verfolgung" ist Ausdruck des politischen Interesses, die Zahl der Menschen, die in der Bundesrepublik Asyl erhalten, zu verringern.

Die Mechanismen, die in dieser Weise durch die Novellierung des Art. 16 und durch die Auslegung von „politischer Verfolgung" entwickelt worden sind, sind verantwortlich für die Bewertung von sexueller Gewalt als Asylgrund und somit dafür, ob betroffene Frauen Schutz in der Bundesrepublik bekommen. Die Analyse des asylrechtlichen Umgangs mit Vergewaltigung hat dabei gezeigt, daß mit der Anwendung und der Auslegung des Begriffs der „politischen Verfolgung" ein kompliziertes Regelwerk geschaffen worden ist, in dem eine Vielzahl von Fragen maßgeblich für die Asylgewährung sind: In welchem Staat hat die Verfolgung stattgefunden, auf welchem Weg hat die Frau ihre Heimat verlassen, warum ist sie Opfer dieser Verfolgung geworden, ist der Herkunftsstaat in einer bestimmten Weise für die Verfolgung verantwortlich? Im Ergebnis ist so ein Modell geschaffen worden, das die verschiedensten Faktoren als konstitutiv für eine Asylgewährung setzt, nicht jedoch das Wesentliche erfaßt: daß eine Frau ihre Heimat wegen der Gewalt verlassen muß, die ihr dort zugefügt wurde oder wird. Die die deutsche Asylgewährung bestimmende Perspektive entstellt das Fluchtschicksal von Frauen – in einer Weise, durch die ein der Verfolgungserfahrung angemessener Schutz nicht mehr möglich ist.

Dabei ist das Fehlen von Kategorien in der Systematik des Asylrechts, die frauenspezifische Verfolgungserfahrungen erfassen, zum Teil für den Ausschluß von sexueller Gewalt als Asylgrund verantwortlich: Weder ist sexuelle Gewalt als frauenspezifische Menschenrechtsverletzung in den Entscheidungsgrundlagen verankert, noch besteht die Möglichkeit, sexuelle Gewalt generell an ein „asylerhebliches Merkmal Frau" anzuknüpfen, das die Verfolgung von Frauen aufgrund ihres Geschlechts bzw. in ihrer Eigenschaft als Frau erfassen würde. Im Ergebnis werden Vergewaltigungen, gerade weil sexuelle Gewalt im Geschlechterverhältnis verankert ist und die Funktion hat, patriarchale Machtstrukturen aufrechtzuerhalten, im Asylrecht häufig als „Privatsache" gewertet.[216] In dieser Weise führen gesellschaftlich bedingte patriarchale Muster, die sich im Fall der Asylgewährung oft in den beschriebenen Haltungen der Entscheidungsinstanzen ausdrücken, und geschlechtsneutral formulierte Rechtsgrundlagen in vielen Fällen zum Ausschluß von frauenspezifischen Gewalterfahrungen aus dem Asylrecht. Deshalb müssen die spezifischen Erfahrungen von Frauen in den Rechtsgrundlagen „sichtbar gemacht" werden.

Jedoch hat sich die zu Beginn aufgestellte These bestätigt. Es steht fest, daß die verschiedenen existierenden Ausschlußmechanismen nicht mit einem Einfügen eines Verfolgungsgrundes „Geschlecht" in die Entscheidungsgrundlagen „aufzuheben" sind: Auch mit der Verankerung eines Verfolgungsgrundes „Frau" im Asylrecht wären die Opfer sexueller Gewalt nach wie vor weitgehend aus der Asylgewährung ausgeschlossen. Vor allem jedoch hat die Analyse der Asylgewährung deutlich gemacht, daß die Mechanismen, die sexuelle Gewalt aus der Asylgewährung ausschließen, auch den asylrechtlichen Schutz für Menschen, die aus anderen Gründen ihre Heimat verlassen müssen, häufig verhindern. Die Novellierung des Art. 16 GG, die Konstruktion von „Finalität" und die enge Interpretation von staatlicher Verantwortung sind Mittel einer restriktiven Asylpolitik, die auch für andere Flüchtlinge, die vor Folter, vor Krieg und Bürgerkrieg oder vor Repression in ihrem Heimatland fliehen müssen, häufig dazu führen, daß sie keinen Schutz in Deutschland finden. Aus diesen Gründen ist es keinesfalls sinnvoll, lediglich einen Verfolgungsgrund „Frau" zu einem asylrechtlichen

---

[216] Das Fehlen von Kategorien, die die spezifischen Gewalterfahrungen von Frauen erfaßbar macht, spiegelt sich auch in juristischen Bereichen außerhalb des Asylrechts: Die langandauernde Debatte um Vergewaltigung in der Ehe, über deren Strafbarkeit zwischen den im Bundestag vertretenen Parteien lange kein Konsens bestand, verdeutlicht, wie schwierig die Verankerung von frauenspezifischen Gewalterfahrungen in den Rechtsgrundlagen ist. Diese Problematik wird auf einer grundsätzlichen Ebene in der feministischen Analyse von Recht als patriarchaler Institution thematisiert. Vgl. zur Funktion von Recht bei der Aufrechterhaltung patriarchaler Strukturen Janet Rifkin: Toward a Theory of Law and Patriarchy, in: Harvard Women's Law Journal, 3 (1980), S. 83-95. Liz Kelly und Jill Radford weisen auf die Notwendigkeit hin, den spezifischen Diskriminierungs- und Gewalterfahrungen von Frauen durch Rechtsreformen zu begegnen: „Campaigns for legal reform must [...] be directed at creating more inclusive definitions." (vgl. Liz Kelly/Jill Radford: 'Nothing really happened': the invalidation of women´s eperiences of sexual violence, in: Marianne Hester/Liz Kelly/Jill Radford (ed.): Women, Violence and Male Power. Feminist Activism, Research and Practice, Buckingham 1996, S. 19-33, hier S. 31.

Modell, das sich die Abwehr von Flüchtlingen zur Aufgabe gemacht hat, „hinzuzuaddieren".

Rein frauenspezifische Forderungen greifen also zu kurz, wenn es darum geht, Frauen zu schützen, die aufgrund von sexueller Gewalt ihre Heimat verlassen mußten: Um einen angemessenen asylrechtlichen Schutz in der Bundesrepublik zu erreichen, muß die frauenspezifische Kritik am Asylrecht in eine allgemeine Kritik an der deutschen Asylpolitik eingebettet werden. Zum einen kann nur so ein angemessener Schutz für die Opfer sexueller Gewalt erreicht werden; zum anderen wird man nur so der Tatsache gerecht, daß auch viele andere Flüchtlinge als Asylberechtigte abgelehnt werden, obwohl sie aufgrund ihres Verfolgungsschicksals einen legitimen Anspruch auf Asyl haben. Deshalb muß eine sinnvolle Kritik am Asylrecht eine Asylgewährung fordern, die sowohl für die Opfer sexueller Gewalt als auch für andere Flüchtlinge einen angemessenen asylrechtlichen Schutz beinhaltet.

5 Ausblick: Alternativen zur deutschen Asyl- gewährung

Die deutsche Asylgewährung bietet keinen angemessenen Schutz für Flüchtlinge – weder für Frauen, die aufgrund von sexueller Gewalt ihre Heimat verlassen mußten, noch für viele andere Flüchtlinge, die beispielsweise vor Folter, Vertreibung oder Repression in ihrem Heimatland fliehen mußten. Wie ein tatsächlicher Schutz für Flüchtlinge zu erreichen ist – und in einigen Staaten auch praktiziert wird – soll im folgenden dargestellt werden.

Zunächst ist festzustellen, daß sich auf einer grundsätzlichen Ebene alle Fragen der Asylgewährung in einem Spannungsverhältnis zwischen der Realität von Menschen auf der einen und der durch juristische, asyl- und verfahrensrechtliche Kategorien determinierten Asylgewährung auf der anderen Seite bewegen. Jedoch hat diese Arbeit bewiesen, daß ein Konzept geschaffen werden kann, mit dem das, was Menschen zur Flucht veranlaßt – in diesem Fall sexuelle Gewalt – für eine Asylgewährung angemessen erfaßt werden kann.

Dieses Konzept ist die Basis, auf der eine Bewertung von Vergewaltigung als Menschenrechtsverletzung erfolgen muß:

„Human rights [...] like democracy and all vibrant visions, are not static, nor are the propriety of any one group. While these concepts began in a particular historical moment [...], their dynamism and ongoing relevance stem from the fact that more people are claiming them and, in the process, expanding the meaning of „rights" to incorporate their own hopes and needs. [...] So, too, women are transforming the concept of human rights to address the degradations and violations that are a fundamental threat to our human dignity and rights to life, liberty, and security of person."[217]

Durch seinen normativen Charakter ermöglicht es das Modell der Menschenrechte, sexuelle Gewalt gegen Frauen zu thematisieren und gleichzeitig die Verhinderung von Vergewaltigung zu fordern. Diese Etablierung von Vergewaltigung als Menschenrechtsverletzung verändert den Anspruch von Frauen auf Schutz vor sexueller Gewalt in entscheidender Weise:

„ [...] once an issue is brought into the human rights context, it is no more a matter of wishes and suggestions, but becomes a matter of individual rights and government's corrolary obligations."[218]

Die Aufnahme von sexueller Gewalt in die Menschenrechtsdebatte beinhaltet zum einen, daß, aufgrund der Funktion von sexueller Gewalt im Verhältnis zwischen Männern und Frauen, nicht nur wie bisher Menschenrechtsverletzungen durch staatliche Akteure, sondern auch die Gewalt in der „privaten Sphäre" zum Gegenstand menschenrechtlicher Forderungen wird: „Rape is a human rights violation even when it is performed by private actors."[219] Zugleich wirft die Definition von Menschenrechten als „Schutz- und Anspruchsrechte gegenüber dem Staat, der verantwortlich für die Einhaltung dieser Rechte ist,"[220] die Frage nach staatlicher Verantwortung bezüglich des Schutzes vor sexueller Gewalt auf:

„The affirmation that violence against women is a human rights problem entails governments' obligation to recognize that women are entitled to be protected against that violence, that this is their human right, which the government should guarantee and to which it should provide remedies when this right is violated."[221]

Auf internationaler Ebene wurde dies anläßlich der Wiener Weltmenschenkonferenz im Jahr 1993 anerkannt. Dort wurden im Schlußdokument die

---

[217] Charlotte Bunch: Transforming Human Rights from a Feminist Perspective, in: Julie Peters/Andrea Wolper (ed.): Women's Rights, Human Rights, London 1995, S. 11-17, hier S. 13. Künftig zitiert als: Bunch 1995.

[218] Tomasevski 1995, S. 90.

[219] Bunch 1995, S. 17.

[220] Brigitte Hamm: Menschenrechte für Frauen!, [INEF-Report. Institut für Entwicklung und Frieden der Gerhard-Mercator-Universität GH Duisburg], 1994, S. 2.

[221] Tomasevski 1995, S. 90.

„Menschenrechte der Frauen und Mädchen als unveräußerlicher, integraler und untrennbarer Bestandteil der Menschenrechte" hervorgehoben:

„Geschlechtsspezifische Gewalt und alle Formen sexueller Belästigung und Ausbeutung [...], sind mit der Würde und dem Wert der menschlichen Persönlichkeit unvereinbar und müssen beseitigt werden."

Mit dieser internationalen Anerkennung von sexueller Gewalt als Menschenrechtsverletzung besteht ein rechtliches Instrument, mit dem ein Recht auf Schutz vor sexueller Gewalt begründet werden kann.

Ein sinnvolles asylrechtliches Konzept muß die Verankerung menschenrechtlicher Prinzipien in der Asylgewährung beinhalten. Die Grundlage dafür bildet eine Kritik an der herrschenden Asylgewährung, die eine staatliche Verfolgung für die Asylgewährung voraussetzt. Demgegenüber müssen Forderungen nach einer veränderten Struktur des Asylrechts darauf abzielen, die Verletzung von Menschenrechten als Bezugspunkt für die Asylgewährung zu nehmen. Dabei muß ein Asyl-Begriff zugrundegelegt werden, der mit den Menschenrechten als Bezugspunkt dem gerecht wird, was das reale Fluchtschicksal von Menschen ausmacht: [222]

„Ein problemadäquater Flüchtlingsbegriff wäre damit zu begründen, daß die innere politische Struktur eines Staates die Wahrung der elementaren Menschenrechte erfordert und jede Verletzung dieser Struktur politisch sei."[223]

In der Folge ist asylrechtlicher Schutz mit Menschenrechtsverletzungen zu begründen:

„Zugrundegelegt wird hier das für alle Staaten geltende, in völkerrechtlichen Verträgen und im Gewohnheitsrecht festgelegte Ensemble der Menschenrechte, für deren Einhaltung die jeweilige innerstaatliche Ordnung verantwortlich ist. Werden Menschenrechte in einem Staat verletzt und vermag dieser, sofern er nicht selbst dafür verantwortlich ist, die betroffene Person nicht ausreichend davor zu schützen, so soll dieser von anderen Staaten Asyl gewährt werden."[224]

Die Asylpraxis anderer Staaten wie Kanada und Neuseeland zeigt, daß solch eine Form der Asylgewährung möglich ist, die vor allem auch der

---

[222] Ebd., S. 11.
[223] Feldhoff 1992, S. 82.
[224] Bröker/Rautenberg, 1986, S. 254.

spezifischen Verfolgungssituation von Frauen Rechnung trägt.[225] Die Asylgewährung beider Länder basiert auf der Genfer Flüchtlingskonvention. Jedoch sind die dort festgelegten Verfolgungsgründe in ein anderes Regelwerk zur Feststellung einer Asylrelevanz integriert. Als Maßstab für die Bewertung von Rechtsverletzungen als Verfolgung gelten in Kanada internationale Menschenrechtsabkommen:

"Dabei wird sexuelle Gewalt generell als eine Form von Folter bewertet und die Unterdrückung von Frauen ebenso wie die von Männern an internationalen Menschenrechtsstandards gemessen."[226]

Gleichzeitig sind, um die spezifische Situation von Frauen explizit zu berücksichtigen, seit 1993 Richtlinien zu frauenspezifischer Verfolgung in Kraft. In der überarbeiteten Fassung, die seit 1996 gültig ist, wird hervorgehoben:

„Die Tatsache, daß Gewalt gegen Frauen, einschließlich sexueller Gewalt und Gewalt im häuslichen Bereich, überall in der Welt vorkommt, ist *unerheblich* im Hinblick auf die Entscheidung darüber, ob Vergewaltigungen und andere geschlechtsspezifische Verbrechen Formen von Verfolgung darstellen. Es kommt vielmehr darauf an, ob die Gewalt – tatsächliche oder befürchtete Gewalt – eine schwerwiegende Verletzung eines Menschenrechts im Sinne einem in der Konvention genannten Gründe darstellt und unter welchen Umständen davon auszugehen ist, daß das Gewaltrisiko deshalb besteht, weil angemessener staatlicher Schutz fehlt."[227]

Sexuelle Gewalt wird so explizit genannt. Formen sexueller Gewalt, die nicht vom Staat ausgehen, werden als asylrelevant angesehen:

„Frauen, die Verfolgung durch bestimmte Formen [von] Gewalttätigkeiten fürchten, die entweder von staatlichen Stellen oder Privatpersonen ausgehen, vor deren Handlungen der Staat die Betroffenen nicht ausreichend schützen kann oder will. [...]. Gewalttätigkeit, vor der eine Frau sich möglicherweise fürchtet, schließt *Gewalt im häuslichen Umfeld und Gewalt in Bürgerkriegssituationen ein.* "

---

[225] In einem Überblick über Länder, die im Verhältnis zur eigenen Bevölkerung die meisten Flüchtlinge beherbergen, steht Kanada an 19. Stelle, die Bundesrepublik an 33. Stelle und Neuseeland an 44. Stelle.

[226] UNHCR Aktuell: Berücksichtigung von frauenspezifischen Verfolgungsgründen in westlichen Asylländern. März 1996, o. O., S. 4f.

[227] Ebd., S. 20.

96

Zugleich ist eine Anerkennung von frauenspezifischer Verfolgung im Rahmen der in der Genfer Flüchtlingskonvention genannten Verfolgungsgründe generell möglich: Als Grundlage für die Einordnung von sexueller Gewalt in die Kategorien der Genfer Flüchtlingskonvention gilt, eine Entscheidung des Obersten Gerichtshofs, der in einem Grundsatzurteil festgestellt hat, daß zu „bestimmten sozialen Gruppen" auch Gruppen zu zählen sind, „die über ein angeborenes oder unveränderliches Merkmal definiert sind."[228] „Geschlecht" wird in der Entscheidung explizit als Verfolgungsgrund angeführt.[229] Damit wurde eine seit Mitte der 1980er Jahre bestehende Forderung, die von der mit frauenspezifischen Verfolgungserfahrungen befaßten Fachöffentlichkeit entwickelt worden war, aufgegriffen und juristisch umgesetzt.[230]

Auch in Neuseeland bildet eine menschenrechtliche Begründung des Asylschutzes die Basis für die Anerkennung von Vergewaltigung als Asylgrund. Auch hier wird in entscheidender Weise ein Staatsverständnis zugrundegelegt, das sowohl ein aktives Handeln einer Staatsmacht als auch das Dulden von Menschenrechtsverletzungen durch den Heimatstaat als asylrelevant bewertet. Gleichzeitig wird in der neuseeländischen Asylrechtsprechung eine Asylrelevanz nicht auf staatliche Akteure beschränkt. Es wird im Gegenteil ausdrücklich hervorgehoben:

„We have found no justification for the interpretation adopted by some Western European countries, especially Germany, Sweden and France, which restricts the application of the concept of agents of persecution to the extent that refugee status is only granted to victims of persecution by state authorities or by other actors encouraged or tolerated by the state. [...] It can therefore be said that New Zealand jurisprudence explicitly recognises that non-state or ‚private' violence can constitute grounds for refugee status."[231]

---

[228] Immigration and Refugee Board – Ausschuß für Einwanderungs- und Flüchtlingsangelegenheiten: Richtlinien herausgegeben vom Vorsitz gemäss Paragraph 65 (3) des Einwanderungsgesetzes. Richtlinie 4. Asylbewerberinnen, die sich auf Furcht vor Verfolgung aufgrund des Geschlechts berufen: Aktualisierte Fassung, Ottawa, Kanada, 25.11.1996, S. 15.
[229] Vgl. ebd.
[230] Vgl. David L. Neal: Women as a Social Group: Recognizing Sex-Based Persecution as Grounds for Asylum, in. Columbia Human Rights Law Review 1 (1988), S. 257.
[231] Rodger P.G. Haines: Gender-Based Persecution: New-Zealand Jurisprudence, A Paper prepared for the Symposium on Gender-Based Persecution organised by the Office of the

Als Grundlage für die Beurteilung von Verfolgung fungieren auch hier internationale Menschenrechtsabkommen. Sexuelle Gewalt ist innerhalb der neuseeländischen Rechtsprechung als mögliche Verfolgung explizit festgeschrieben:

„It has long been accepted in New Zealand refugee jurisprudence that sexual violence, or the threat of sexual violence, can constitute persecution, irrespective whether that violence is at the hands of a state agent or a non-state agent."[232]

Die Beispiele aus Kanada und Neuseeland zeigen zwei Möglichkeiten, in angemessener Weise mit Vergewaltigung als Asylgrund umzugehen. So ist durch die kanadischen Richtlinien, um einer möglichen Vernachlässigung von frauenspezifischen Verfolgungserfahrungen zu begegnen, die Möglichkeit, sexuelle Gewalt als Asylgrund zu bewerten, explizit in den Entscheidungsgrundlagen verankert worden. In Neuseeland sorgen allgemeine juristische Prinzipien zusammen mit einer Festschreibung der Asylrelevanz frauenspezifischer Verfolgungserfahrungen durch die Rechtsprechung dafür, daß sexuelle Gewalt als Asylgrund anerkannt werden kann. In beiden Ländern existiert damit eine asylrechtliche Verankerung von frauenspezifischen Verfolgungserfahrungen als Asylgrund. Diese ist jedoch eingebettet in ein asylrechtliches Regelwerk, das menschenrechtlich ausgerichtet ist, ein breites Verständnis von staatlicher Verantwortung zugrundelegt, ein aktives Handeln einer Staatsmacht sowie ein Dulden von Menschenrechtsverletzungen umfaßt und „private" Menschenrechtsverletzungen explizit als asylrelevant anerkennt.

Eine solche Asylpolitik, die Menschenrechtsverletzungen als Hauptkriterium für die Asylgewährung setzt, könnte auch ein Modell für die Bundesrepublik darstellen. Nach der Betrachtung der deutschen Asylpolitik und des Asylrechts erscheint eine solche Neuorientierung zwar mehr als unwahrscheinlich. Trotzdem ist es gerade vor dem Hintergrund einer immer restriktiveren Asylgewährung nötig, der herrschenden Asylpolitik auf einer grundsätzlichen Ebene Gegenentwürfe gegenüberzustellen und alternative Modelle als Forderungen an die Politik zu formulieren.

United Nations High Commissioner for Refugees, Geneva, 22 and 23 February 1996, S. 16f.

[232] Ebd., S. 23.

Die Bedeutung, die Flucht, für Menschen hat, steht in krassem Gegensatz zu den asylrechtlichen Prinzipien, die in der Bundesrepublik den Umgang mit Flüchtlingen bestimmen. „I have a name. My name is not ‚refugee'"[233]: Diese Aussage äthiopischer Flüchtlinge im Rahmen einer Untersuchung über ihre Lebenssituation im Exil verweist auf die Erfahrung von Flüchtlingen, nicht als Individuen wahrgenommen und von der Exilgesellschaft abgelehnt zu werden. In ihren Aussagen wird auch deutlich, mit welch schmerzhaften Gefühlen eine Flucht verbunden ist:

„Ethiopian/Eritrean refugees themselves give various meanings to the word „refugee", meanings which carry the sense of intense loss and humiliation they have experienced as refugees. ‚It means you have lost everything that is dear to you.'"[234]

Insbesondere für Frauen, die Opfer von sexueller Gewalt wurden oder in einer Situation waren, in der Flucht die einzige Möglichkeit war, einer solchen Gewalttat zu entgehen, besteht die Notwendigkeit, ihrer Situation, die durch Ungewißheit, Traumatisierung und Verlust gekennzeichnet ist, mit dem zu begegnen, was asylrechtlicher Schutz seinem Wesen nach beinhaltet: ohne weitere Gewalt und ohne Gefahr im Rahmen eines gesicherten Aufenthaltsrechts zu leben und über ihren Lebensweg wieder selbst zu bestimmen. Das deutsche Asylrecht wurde mit der Maßgabe geschaffen, möglichst vielen Menschen Schutz vor den Umständen zu gewähren, die sie dazu zwingen, ihr Heimatland zu verlassen. Eine in der beschriebenen Weise menschenrechtlich orientierte Asylpolitik ist der Weg, um nicht nur Frauen, die aufgrund von Vergewaltigung fliehen müssen, sondern auch all jenen Menschen, die aufgrund von anderen Fluchtursachen wie Krieg, Vertreibung oder Repression ihre Heimat verlassen mußten, einen Schutz vor Gewalt und ein Leben in Sicherheit zu ermöglichen.

---

[233] Zit. nach: Lucia Ann McSpadden/Helen Moussa: I Have a Name: The Gender Dynamics in Asylum and in Resettlement of Ethiopian and Eritrean Refugees in North America, in: Journal of Refugee Studies 3 (1993), S. 203- 225, hier S. 210.
[234] Ebd.

6 Literatur

I. Quellen

Urteile des Bundesverfassungsgerichts

Urteil vom 2.7.1980, in: Die Mitglieder des Bundesverfassungsgerichts (Hrsg.): Entscheidungen des Bundesverfassungsgerichts, Bd. 54, Tübingen 1981.
Urteil vom 1.7.1987, in: Die Mitglieder des Bundesverfassungsgerichts (Hrsg.): Entscheidungen des Bundesverfassungsgerichts, Bd. 76, Tübingen 1988.

Urteile des Bundesverwaltungsgerichts

Urteil vom 7.10.1975, in: Entscheidungen des Bundesverwaltungsgerichts, Bd. 49, Berlin 1977.
Urteil vom 29.11.1977, in: Entscheidungen des Bundesverwaltungsgerichts, Bd. 55, Berlin 1979.
Urteil vom 17.5.1983, in: Entscheidungen des Bundesverwaltungsgerichts, Bd. 67, Berlin 1985.
Urteil vom 18.1.1994, BverwG 9.C 33.92
Urteil vom 15.4.1997, BverwG 9.C 38.96

Oberverwaltungsgerichtsurteile

Oberverwaltungsgericht Berlin, Urteil vom 1.9.1986, 9 B 103.86.
Oberverwaltungsgericht für das Land Nordrhein-Westfalen, Urteil vom 18.9.1986, - 19A 10055/85.
Oberverwaltungsgericht für das Land Nordrhein-Westfalen, Urteil vom 14.6.1996, - 21 A 5046/94.A -.

Verwaltungsgerichtsurteile

Bayerisches Verwaltungsgericht Ansbach, Urteil vom 19.2.1992, AN 17 K 91.44245.
Bayerisches Verwaltungsgericht Ansbach, Urteil vom 27.5.1993, AN 5 K 92. 39428.
Verwaltungsgericht Gera, Urteil vom 26.5.1994, - 5K 20246/93 GE.
Verwaltungsgericht Aachen, Urteil vom 25.8.1994, - 7L 1090/94.A.
Verwaltungsgericht Karlsruhe, Urteil vom 29.8.1994, - A 12 k 16485/93 -.
Verwaltungsgericht Hannover, Urteil vom 1.4.1996, - 2A 1533/95. Hi -.
Verwaltungsgericht Gelsenkirchen, Urteil vom 24.02.1997, 15a K 8922/95.A.

II. Literatur

Aitchison, Roberta: Flüchtlingsfrauen in Djibouti, in Schneider, Robin: Zum Beispiel Flüchtlinge, Göttingen 1992, S. 35-40.

amnesty international: Vergewaltigung und sexueller Mißbrauch: Folter und Mißhandlungen von Frauen in Haft, Bonn 1992.

amnesty international: Frauen in Aktion – Frauen in Gefahr. Weltweite Kampagne gegen Menschenrechtsverletzungen an Frauen, Bonn 1995.

amnesty international: Zwei Jahre deutsches Asylrecht. Auswirkungen des geänderten Asylrechts auf den Rechtsschutz von Flüchtlingen, Bonn 1996.

amnesty international: Jahresbericht 1996, Frankfurt/Main 1996.

amnesty international: Athanasie Kankazie und andere. Ruanda. Vergewaltigung durch Milizen und Soldaten, Aktion zum Internationalen Frauentag 1996, o. O. 1996.

Appel, Roland: Die Asyl-Lüge: Was tun, wenn ein Grundrecht demontiert wird?, in: Appel, Roland/Roth, Claudia (Hrsg.): Die Asyl-Lüge, Köln 1992, S. 12-59.

Arenz, Verena: Situation von Asylbewerberinnen in Sammelunterkünften: Sicherer Hafen oder Fortsetzung von Gewalt?, in: Evangelische Frauenarbeit in Deutschland e.V. (Hrsg.): „Flucht ins Asyl?" Zur Situation von Flüchtlingsfrauen im Asylverfahren und in Sammelunterkünften. Dokumentation einer Tagung am 28.-30.9.1995 in Bonn anläßlich des Tages der Flüchtlinge, Frankfurt/Main 1995, S. 27-33.

Aron, Adrianne: The Gender-Specific Terror of El Salvador and Guatemala, in: Women's Studies International Forum 1-2 (1991), S. 37-47.

Aswad, Evelyn Mary: Torture by Means of Rape, in: The Georgetown Law Journal 5 (1996), S. 1913-1943.

Bade, Klaus J.: Ausländer. Aussiedler. Asyl, München 1994.

„Bosnische Frauen nach Bremen geholt", in: die tageszeitung, 26.4. 1993, S. 8.

Brandt, Birgit/Seyb, Helga: Frauenspezifische Verfolgung, Flucht und Diskriminierung im Aufnahmeland, in: Migration Nr. 4 (1988), S. 95-114.

Brandt, Birgit, unter Mitarbeit von Schöttes, Martina und Schuckar, Monika: Soziale Situation, politische Partizipation und Verfolgungserfahrungen palästinensischer Frauen im Libanon, in: Schöttes, Martina/Schuckar, Monika (Hrsg.): Frauen auf der Flucht, Bd. 1: Leben unter politischen Gewaltverhältnissen. Chile, Eritrea, Iran, Libanon, Sri Lanka, Berlin 1994, S. 43-100.

Brockhaus, Ulrike/Kolshorn, Maren: Sexuelle Gewalt gegen Mädchen und Jungen, Frankfurt/Main, 1993.

Bröker, Astrid/Rautenberg, Jens: Die Asylpolitik in der Bundesrepublik Deutschland unter besonderer Berücksichtigung des sogenannten „Asylmißbrauchs", Berlin 1986.

Brown, Laura S.: Not Outside the Range: One Feminist Perspective on Psychic Trauma, in: American Imago 1 (1991), S. 119-133.

Brüdersdorf, Jutta: Die Problematik des weiblichen Flüchtlings, in: Materialdienst Asyl 3 (1993), S. 20.

Buhr, Kornelia: Frauenspezifische Verfolgung als Anerkennungsgrund im Asylrecht, in: Demokratie und Recht 2 (1988), S. 192-202.

Bunch, Charlotte: Transforming Human Rights from a Feminist Perspective, in: Peters, Julie/Wolper, Andrea (ed.): Women's Rights, Human Rights, London 1995, S. 11-17.

Bundeszentrale für Politische Bildung (Hrsg.): Grundgesetz für die Bundesrepublik Deutschland, Textausgabe, Bonn 1993.

Burkhardt, Günter: Der Einzelfall zählt, in: Pro Asyl, Tag des Flüchtlings 1996. Der Einzelfall zählt, Frankfurt 1996, S. 11-12.

Castel, Jacqueline R.: Rape, Sexual Assault and the Meaning of Persecution, in: International Journal of Refugee Law 1 (1992), S. 39-56.

Colville, Rupert: Nichtstaatliche Verfolgung anerkennen, in: Flüchtlinge 3, (1995), S. 17.

Dammann, Claudia: Allein mit dem Kind, allein mit der Scham, in: Frankfurter Rundschau, 27.4. 1995, S. 7.

de Neef, Connie/de Ruiter, Jacqueline: Sexual Violence Against Women Refugees – Report on the Nature and Consequences of Sexual Violence Suffered Elsewhere, Amsterdam 1984.

Der strafbare Wunsch nach Gerechtigkeit, in: Süddeutsche Zeitung, 14.1.1994, S. 3.

Deutscher Frauenrat/Pro Asyl: Verfolgte Frauen schützen!, Frankfurt/Main 1997.

Dieregsweiler, Renate: Krieg – Vergewaltigung – Asyl. Die Bedeutung von Vergewaltigung im Krieg und ihre Bewertung in der bundesdeutschen Asylrechtsprechung, Sinzheim 1997.

Dutch Refugee Council (ed.): Female Asylum Seekers. A Comparative Study Concerning Policy and Jurisprudence in The Netherlands, Germany, France, The United Kingdom also Dealing Summarily with Belgium and Canada, Amsterdam 1994.

Feldhoff, Jürgen/Kleineberg, Michael/Knopf Bernd: Flucht ins Asyl? Untersuchungen zur Fluchtmotivation, Sozialstruktur und Lebenssituation ausländischer Flüchtlinge in Bielefeld, Bielefeld 1991.

Feldhoff, Jürgen: Was heißt Flüchtling heute?, in: Appel, Roland/Roth, Claudia: Die Asyl-Lüge, Köln 1992, S. 75-86.

Feldmann, Harald: Vergewaltigung und ihre psychischen Folgen, Stuttgart 1992.

[ohne Verf.]: Fluchtgründe iranischer Frauen, in: Internationaler Sozialdienst (Hrsg.): Flüchtlingsfrauen in der Bundesrepublik Deutschland, Dokumentation einer Fachtagung des Internationalen Sozialdienstes vom 17. - 19. März 1986 in Frankfurt am Main, Frankfurt/Main 1986, S. 30-46.

Fritsche, Petra: Frauenspezifische Verfolgung und deren Anerkennung als politische Verfolgung im Sinne des Asylrechts, unveröffentlichte Abschlußarbeit der Universität Bremen, 1991.

Frohmann, Lisa: Discrediting Victims' Allegations of Sexual Assault: Prosecutorial Accounts of Case Rejections, in: Searles, Patricia/Berger, Ronald J. (ed.): Rape & Society. Readings on the Problem of Sexual Assault, Boulder/San Francisco/Oxford 1995, S. 199-214.

Frommel, Monika: Gewalt gegen Frauen – Utopische, realistische und rhetorische Forderungen an eine Reform der sexuellen Gewaltdelikte, in: Battis, Ulrich/Schulz, Ulrike (Hrsg.): Frauen im Recht, Heidelberg 1990, S. 257-317.

Gebauer, Stefanie: Asylrechtliche Anerkennung frauenspezifischer Verfolgung, in Zeitschrift für Ausländerrecht 3 (1988), S. 120-128.

Geiger, Peter: Der Begriff der politischen Verfolgung in der Rechtsprechung des Bundesverwaltungsgerichts. Eine Kritik aus sozialstaatlicher Sicht, in: Vorgänge 3 (1991), S. 13-20.

Gottstein, Margit: Die rechtliche und soziale Situation von Flüchtlingsfrauen in der Bundesrepublik Deutschland vor dem Hintergrund frauenspezifischer Flucht- und Verfolgungssituationen [ZDWF-Schriftenreihe Nr. 18], Bonn 1986.

Gottstein, Margit: Brauchen Frauen ein frauenspezifisches Asylrecht? Zur rechtlichen Situation von Flüchtlingsfrauen in Deutschland nach der Asylrechtsänderung, in: Terre des Femmes (Hrsg.): Frauen auf der Flucht. Geschlechtsspezifische Fluchtursachen und europäische Flüchtlingspolitik, Tübingen 1994, S. 16-23.

Günther, Uwe: Verfassungsrechtliche und verfassungspolitische Anmerkungen zum Gesetz zur Neuregelung des Asylverfahrens vom 26.6.1992, in: Appel, Roland/Roth, Claudia (Hrsg.): Die Asyl-Lüge, Köln 1992, S. 87-96.

Haeri, Shala: Of Feminism and Fundamentalism in Iran and Pakistan, in: Contention, 3 (1995), S. 129-147.

Haines, Rodger P.G.: Gender-Based Persecution: New-Zealand Jurisprudence, A Paper prepared for the Symposium on Gender-Based Persecution organised by the Office of the United Nations High Commissioner for Refugees, Geneva, 22 and 23 February 1996.

Hamm, Brigitte: Menschenrechte für Frauen!, [INEF-Report. Institut für Entwicklung und Frieden der Gerhard-Mercator-Universität GH Duisburg], 1994.

Heiliger, Anita/Engelfried, Constanze: Sexuelle Gewalt. Männliche Sozialisation und potentielle Täterschaft. Frankfurt/Main 1993.

Helie-Lucas, Marie-Aimee: Women Living Under Muslim Laws, in: Kerr, Joanna (ed.): Ours by Right. Women's Rights as Human Rights, London/Atlantic Highlands 1993, S. 52-65.

Höfling-Semnar, Bettina: Flucht und deutsche Asylpolitik. Von der Krise des Asylrechts zur Perfektionierung der Zugangsverhinderung, Münster 1995.

Hofmann, Tessa: Tamilinnen sind doppelte Opfer, in: Moussa-Karlen, Kathrin/Bauer, Elisabeth: Wenn Frauen flüchten, Bern/Zürich 1988, S. 10-12.

Hollander, Nancy Caro: The Gendering of Human Rights: Women and the Latin American Terrorist State, in: Feminist Studies 1 (1996), S. 41-80.

Immigration and Refugee Board – Ausschuß für Einwanderungs- und Flüchtlingsangelegenheiten: Richtlinien herausgegeben vom Vorsitz gemäss Paragraph 65 (3) des Einwanderungsgesetzes. Richtlinie 4. Asylbewerberinnen, die sich auf Furcht vor Verfolgung aufgrund des Geschlechts berufen: Aktualisierte Fassung, Ottawa, Kanada, 25.11.1996.

Inyumba, Aloisea: Ohne Gerechtigkeit keine Zukunft! Ruanda nach dem Genozid, in: Frauensolidarität 1 (1996), S. 8-9.

Jockenhövel-Schiecke, Helga: Verfolgung, Flucht und das Leben in einem fremden Land: Frauen als Flüchtlinge in der Bundesrepublik, in: Internationaler Sozialdienst (Hrsg.):

Flüchtlingsfrauen in der Bundesrepublik, Dokumentation einer Fachtagung des Internationalen Sozialdienstes vom 17. - 19. März 1986 in Frankfurt am Main, Frankfurt/Main 1986, S. 10-28.

Kelly, Liz/Radford, Jill: 'Nothing really happened': the invalidation of women´s eperiences of sexual violence, in: Hester, Marianne/Kelly, Liz/Radford, Jill (ed.): Women, Violence and Male Power. Feminist Activism, Research and Practice, Buckingham 1996, S. 19-33.

Kelly, Liz: Surviving Sexual Violence, Cambridge 1988.

Kimminich, Otto: Grundprobleme des Asylrechts, Darmstadt 1983.

Kimminich, Otto: Neue Probleme im Asylrecht – Krieg, Bürgerkrieg, Flucht und Vertreibung heute –, in: AWR-Bulletin 17 (1994).

Kletten, Ingo: Durch Terror zum modernen Staat, in: Reemtsma, Jan Philipp (Hrsg.): Folter. Zur Analyse eines Herrschaftsmittels, Hamburg 1991, S. 32-72.

Knopp, Anke: Die deutsche Asylpolitik, Münster 1994.

König, Angela: Überleben in Gewaltverhältnissen, in: Donner-Reichle, Carola/Klemp, Ludgera: Frauenwort für Menschenrechte, Saarbrücken 1991, S. 141-171.

Krell Gert/Wölte, Sonja: Gewalt gegen Frauen und die Menschenrechte, Frankfurt/Main 1995.

Kretschmann, Ulrike: Das Vergewaltigungstrauma, Münster 1993.

Kugler, Roland: Asylrecht. Ein Handbuch, Göttingen 1994.

Kumin, Judith: Grußwort der Vertreterin des Hohen Flüchtlingskommissars der Vereinten Nationen (UNHCR) in der Bundesrepublik Deutschland, in: „'Flucht ins Asyl?' Zur Situation von Flüchtlingsfrauen im Asylverfahren und in Sammelunterkünften", Fachtagung des Gustav-Stresemann-Instituts am 28.9.1995, Bonn 1995, S. 5-9.

Lees, Sue: Unreasonable doubt: the outcomes of rape trials, in: Hester, Marianne/Kelly, Liz/Radford, Jill (ed.): Women, Violence and Male Power, Buckingham 1996, S. 99-116.

Lenz, Ilse/Luig, Ute: Frauenmacht ohne Herrschaft. Geschlechterverhältnisse in nichtpatriarchalischen Gesellschaften, Frankfurt/Main 1995.

Lewis Herman, Judith: Die Narben der Gewalt, München 1994.

Madelung, Christine: Gewalt an Frauen – Wie Frauen von politischer Repression und männlicher Gewalt betroffen sind, in: Bielefeldt, Heiner/Deile, Volkmar/Thomsen, Bernd (Hrsg.): Menschenrechte vor der Jahrtausendwende, Frankfurt 1993, S. 229-237.

Marx, Reinhard: Die Definition politischer Verfolgung in der Bundesrepublik Deutschland, in: Thränhardt, Dietrich/Wolken, Simone (Hrsg.): Flucht und Asyl. Informationen, Analysen, Erfahrungen aus der Schweiz und der Bundesrepublik Deutschland, Freiburg i. Br. 1988, S. 148-158.

Marx, Reinhard: Vom Schutz vor Verfolgung zur Politik der Abschreckung, in: Kritische Justiz (1985).

McCollum, Hilary/Kelly, Liz/Radford, Jill: Wars against Women, in: Trouble and Strife 28 (1994), S. 12-18.

McSpadden, Lucia Ann / Moussa, Helen: I Have a Name: The Gender Dynamics in Asylum and in Resettlement of Ethiopian and Eritrean Refugees in North America, in: Journal of Refugee Studies 3 (1993), S. 203- 225.

Medica Mondiale: „Ich mische mich da ein!", in: Süddeutsche Zeitung, 29.3.1997, S. 11.

Mehdi, Rubya: The Offence of Rape in the Islamic Law of Pakistan, in: International Journal of the Sociology of Law 18 (1990), S. 19-29.

Naab, Daniela/Jung, Heike: Sexuelle Gewalt gegen Frauen, in: Kriminalistik 12 (1991), S. 801-805.

Neal, David L.: Women as a Social Group: Recognizing Sex-Based Persecution as Grounds for Asylum, in: Columbia Human Rights Law Review 1 (1988).

Nuscheler, Franz: Internationale Migration. Flucht und Asyl, Opladen 1995.

Patel, Rashida: Challenges Facing Women in Pakistan, in: Kerr, Joanna (ed.): Ours by Right. Women's Rights as Human Rights, London/Atlantic Highlands 1993, S. 32-39.

Peltzer, Karl: Trauma im Kontext von Opfern organisierter Gewalt, in: Peltzer, Karl/Aycha, Abduljawad/Bittenbinder, Elise (Hrsg.): Gewalt und Trauma. Psychopathologie und Behandlung im Kontext von Flüchtlingen und Opfern organisierter Gewalt, Frankfurt/Main 1995, S. 12-36.

pogrom, Nr. 169 (1993).

Pohl, Rolf: Männlichkeit, Destruktivität und Kriegsbereitschaft, in: Seifert, Jürgen u.a.: Logik der Destruktion. Der zweite Golfkrieg als erster elektronischer Krieg und die Möglichkeiten seiner Verarbeitung im Bewußtsein, Frankfurt – Hannover – Heidelberg 1992, S. 157-177.

Potts, Lydia/Prasske, Brunhilde: Frauen – Flucht – Asyl, Bielefeld 1993.

Pro Asyl: Tag des Flüchtlings 1996. Der Einzelfall zählt, Frankfurt/Main 1996.

Ramazanoglu, Caroline: Feminism and the Contradictions of Oppression, London 1989.

Reemtsma, Jan Philipp: „Wir sind alles für Dich!", in: ders.: Folter. Zur Analyse eines Herrschaftsmittels, Hamburg 1991, S. 7-24.

Reemtsma, Jan Philipp: Das Heer schätzt den Menschen als solchen, in: ders. (Hrsg.): Folter. Zur Analyse eines Herrschaftsmittels, Hamburg 1991, S. 25-36.

Richter-Lyonette, Elenor: Vergewaltigung ist ein Kriegsverbrechen, in: der überblick 1 (1996), S. 72-74.

Rifkin, Janet: Toward a Theory of Law and Patriarchy, in: Harvard Women's Law Journal 3 (1980), S. 83-95.

Roma tragen Spuren von Folter, in: Frankfurter Rundschau, 14.6.1993, S. 2.

Rush, Florence: Das bestgehütete Geheimnis: Sexueller Kindesmißbrauch, Berlin, 1989.

Schaaf, Petra/Essinger, Helmut/Preuß, Michael: Leben in Angst und Bedrohung; oder: Die Zerstörung der weiblichen Identität, in: Ashkenasi, Abraham (Hrsg.): Das weltweite Flüchtlingsproblem. Sozialwissenschaftliche Versuche der Annäherung, Bremen 1988, S. 312-322.

Schöttes, Martina/Schuckar, Monika: Fluchtgründe von Frauen in der Einschätzung von asylrechtlichen Entscheidungsinstanzen und RechtsanwältInnen: Ergebnisse einer empirischen Untersuchung, in: Schöttes, Martina (Hrsg.): Frauen auf der Flucht, Bd. 2: Weibliche Flüchtlinge im deutschen Exil, Berlin 1995, S. 133-174.

Schöttes, Martina/Schuckar, Monika: Politische Verfolgung von Frauen, in: Schöttes, Martina/Schuckar, Monika (Hrsg.): Frauen auf der Flucht, Bd. 1: Leben unter politischen Gewaltverhältnissen. Chile, Eritrea, Iran, Libanon, Sri Lanka, Berlin 1994, S. 9-43.

Schöttes, Martina: Lebensbedingungen, politische Partizipation und Verfolgung von Frauen in Chile, in: Schöttes, Martina/Schuckar, Monika (Hrsg.): Frauen auf der Flucht, Bd. 1: Leben unter politischen Gewaltverhältnissen. Chile, Eritrea, Iran, Libanon, Sri Lanka, Berlin 1994, S. 157-232.

Schuckar, Monika: Lebensbedingungen, Widerstand und Verfolgung von Frauen während des eritreischen Unabhängigkeitskampfes, in: Schuckar, Monika/Schöttes, Martina (Hrsg.): Frauen auf der Flucht, Bd. 1: Leben unter politischen Gewaltverhältnissen. Chile, Eritrea, Iran, Libanon, Sri Lanka, Berlin 1994, S. 101-156.

Schuckar, Monika/Schöttes, Martina, unter Mitarbeit von Vilöhr, Barbara: Sozialarbeit mit weiblichen Flüchtlingen, in: Schöttes, Martina (Hrsg.): Frauen auf der Flucht, Band 2: Weibliche Flüchtlinge im deutschen Asyl, Berlin 1995, S. 11-83.

Schulz-Hageleit (Hrsg.): Alltag – Macht – Folter, Düsseldorf 1989.

Schumacher, Michaela A. C.: Supervision im Kontext von bosnischen Vergewaltigungs opfern, in: Peltzer, Karl/Aycha, Abduljawad/Bittenbinder, Elise (Hrsg.): Gewalt und Trauma. Psychopathologie und Behandlung im Kontext von Flüchtlingen und Opfern organisierter Gewalt, Frankfurt/Main 1995, S. 193-207.

Seifert, Ruth: Krieg und Vergewaltigung, in: Stiglmayer, Alexandra (Hrsg.): Massenvergewaltigung. Krieg gegen die Frauen, Freiburg i. Br. 1993, S. 85-108.

Seifert, Ruth: Männlichkeitskonstruktionen: Das Militär als diskursive Macht, in: Das Argument 196 (1992), S. 859-872.

Söllner, Alfons: Westdeutsche Asylpolitik, in: Ashkenasi, Abraham (Hrsg.): Das weltweite Flüchtlingsproblem. Sozialwissenschaftliche Versuche der Annäherung, Bremen 1988, S. 195-224.

Steinhagen, Rosemarie: Sexueller Mißbrauch an Mädchen, Hamburg 1989.

Stiglmayer, Alexandra: Vergewaltigungen in Bosnien-Herzegovina, in: dies. (Hrsg.): Massenvergewaltigung. Krieg gegen die Frauen, Frankfurt/Main 1993, S. 113-218.

Terre des Femmes-Rundbrief, 4 (1993).

Tomasevski, Katarina: Women and Human Rights, London/New Jersey 1995.

UNHCR: Zur Lage der Flüchtlinge in der Welt. UNHCR-Report 1995/96, Bonn 1996.

UNHCR Aktuell: Berücksichtigung von frauenspezifischen Verfolgungsgründen in westlichen Asylländern, Bonn 1996.

UNHCR: Mitteilung über bestimmte Aspekte sexueller Gewalt gegen Flüchtlingsfrauen, o. O., 1993.

UNHCR/BAGFW (Hg.): Ratgeber für Asylberechtigte und Konventionsflüchtlinge, Bonn 1996.

van Krieken, Peter: Folter und Asyl, in: Zeitschrift für Ausländerrecht 1 (1986).

Venzky, Gabriele: Der Prophet gab Frauen zwar Rechte..., in: Frankfurter Rundschau, 24.8.1995.

Venzky, Gabriele: Die Bastion Pakistan – im Ansturm der Fundamentalisten, in: Schwarzer, Alice (Hrsg.): Krieg. Was Männerwahn anrichtet und wie Frauen Widerstand leisten, Frankfurt/Main 1992, S. 83-91.

von Galen, Margarete: Juristisches Gutachten zur asylrechtlichen Anerkennungsproblematik frauenspezifischer Verfolgung, in: Schöttes, Martina (Hrsg.): Frauen auf der Flucht, Bd. 2: Weibliche Flüchtlinge im deutschen Exil, Berlin 1995, S. 83-132.

von Trommel, Max J.: Das Posttraumatische Streßsyndrom, in: Peltzer, Karl/Aycha, Abduljawad/Bittenbinder, Elise (Hrsg.): Gewalt und Trauma. Psychopathologie und Behandlung im Kontext von Flüchtlingen und Opfern organisierter Gewalt, Frankfurt/Main 1995, S. 37-45.

Ward, Colleen A.: Attitudes toward Rape. Feminist and Social Psychological Perspectives, London 1995.

Wichterich, Christa: Stree Shakti. Frauen in Indien: Von der Stärke der Schwachen, Bornheim-Merten 1986.

Wilke-Lauer, Renate/Erbe, Barbara: Gewalt gegen Frauen – der alltägliche Skandal, in: der überblick 2 (1993), S. 8-11.

Dank

Meinen allerherzlichsten Dank an Stefanie Duhme, Astrid Hochbahn, Inka Schroer, Susanne Tommes und Jutta von Zitzewitz! Ferner danke ich Prof. Dr. Annette Zimmer für die optimale Betreuung der Arbeit sowie Anna Büllesbach/UNHCR Nürnberg für Informationen und Anregungen bei der Überarbeitung des Manuskripts. Dem Bundesverband von TERRE DES FEMMES sowie der TERRE DES FEMMES-Städtegruppe Münster danke ich für die Unterstützung der Veröffentlichung.

Mein besonderer Dank gilt Rüdiger Zychski.

TERRE DES FEMMES - Selbstdarstellung

Wer ist TERRE DES FEMMES?

TERRE DES FEMMES ist eine gemeinnützige Menschenrechts-organisation für Frauen, die durch internationale Vernetzung, Öffentlich-keitsarbeit, Aktionen, Einzelfallhilfe und Förderung von einzelnen Projekten Frauen unterstützt.

TERRE DES FEMMES tritt für die Rechte von Frauen ein – ungeachtet ihrer konfessionellen, politischen, ethnischen und nationalen Angehörig-keit.

TERRE DES FEMMES entstand aus der Einsicht heraus, daß die vor-handenen Menschenrechtsorganisationen frauenspezifische Diskriminie-rungen aufgrund ihres eingeschränkten Mandats zu wenig beachten. Diese Menschenrechtsverletzungen umfassen unter anderem:

- Handel mit Frauen auf der ganzen Welt als billige Arbeitskräfte, Katalogbräute und Zwangsprostituierte

- Zerstückelung und Vermarktung des weiblichen Körpers durch Gen- und Reproduktionstechniken

- sexualisierte Gewalt an Mädchen und Frauen

- Nichtanerkennung der Verfolgung von Frauen aufgrund ihrer Ge-schlechtszugehörigkeit als Asylgrund

- Verweigerung des Selbstbestimmungsrechts von Frauen über ihren Körper, z. B. Zwangssterilisationen und genitale Verstümmelung

- Abtreibung von weiblichen Föten

Deshalb gehört die Unterdrückung von Frauen zu den schwerwiegendsten Menschenrechtsverletzungen unserer Zeit.

Menschen weiblichen Geschlechts werden überall auf der Welt in ihrem Menschsein beschnitten:

- in ihrer Freiheit, durch Vorschriften, Tabus, Schleier und die guten Sitten

- in ihrer Entwicklung, durch die verweigerte oder minderwertige Ausbildung und die Benachteiligung im Arbeitsleben

- in ihrem Geist, durch die Erziehung zur Unmündigkeit und Drill zur "Weiblichkeit"

- in ihrer körperlichen Integrität, durch die Verstümmelung ihrer Geschlechtsorgane

- in ihrer Würde, durch die einseitige und sexualisierte Darstellung in den Medien, in der Werbung, durch Pornographie

Auf einem Treffen in Lausanne im Mai 1981 entstand die Idee, eine Organisation namens TERRE DES FEMMES mit dem Untertitel "Menschenrechte für die Frau" in Deutschland zu gründen. Die andere Hälfte der Weltbevölkerung, nämlich die Frauen, haben ebenfalls ein Recht auf menschenwürdiges Leben auf dieser Erde.

Unsere Schwerpunktthemen sind seit Jahren der Kampf gegen Frauenhandel, Sextourismus, Kinderprostitution, Ausbeutung von Arbeiterinnen in der "Dritten Welt" durch internationale Firmen, der Kampf für die Anerkennung von frauenspezifischen Fluchtgründen und das damit verbundene Bleiberecht von verfolgten Frauen in der Bundesrepublik sowie Genitalverstümmelung. Wir sind aktionsorientiert engagiert, z. B. protestieren wir jährlich zum internationalen Tag "NEIN ZUR GEWALT AN FRAUEN" am 25. November. 1992 demonstrierten wir gegen die ansteigende Kinderprostitution infolge des Sextourismus nach Asien vor Reisebüros. 1993 fanden parallel Kundgebungen gegen die "Gewalt an Frauen im Fernsehen" vor den privaten Sendern Pro 7 und RTL statt. In den nachfolgenden Jahren bereiteten wir Aktionen und Protestmaterial zum Thema "Sexuelle Gewalt an Frauen" in Deutschland vor. 1996 widmeten wir uns wieder dem Thema Ausbeutung von Textilarbeiterinnen. Am 25. November 1997 startete TERRE DES FEMMES eine bundesweite Plakatkampagne "Stoppt Genitalverstümmelung". Im Jahre 1998 starten wir eine Kampagne zum Thema "Frauenhandel".

TERRE DES FEMMES ist an drei laufenden bundesweiten Kampagnen beteiligt: Die *Kampagne gegen "Kinderprostitution in Asien infolge des Sextourismus"* versucht ein Ende der sexuellen Gewalt gegen Kinder durch Touristen zu erreichen. Seit Mai 1994 ist in der Bundesgeschäftsstelle in Tübingen die Koordinationsstelle der Deutschen Arbeitsgemeinschaft gegen Kinderprostitution im Sextourismus angesiedelt. Die Arbeitsgemeinschaft, der 29 Organisationen angehören, hat sich vehement dafür eingesetzt, daß deutsche Sextouristen, die Kinder im Ausland sexuell mißbrauchen, in Deutschland bestraft werden können. Seit 1993 gibt es ein entsprechendes Gesetz, nach dem bereits die ersten Sextouristen verurteilt wurden. Als Ergebnis der internationalen Vernetzung fand 1996 in Stockholm der erste Weltkongreß gegen kommerzielle sexuelle Ausbeutung von Kindern statt. Hier wurden weitergehende und konkrete Schritte verabschiedet, wie der Ausbau der internationalen Zusammenarbeit bei der Strafverfolgung.

Seit 1996 ist TERRE DES FEMMES Mitglied der *europäischen Kampagne für Saubere Kleidung*. In der Textilbranche arbeiten bis zu 80% Frauen, häufig unter extrem schlechten Bedingungen. Schon 1987 machte TERRE DES FEMMES Schlagzeilen für unterdrückte Arbeiterinnen des deutschen Textilwerkes Adler in Südkorea. Die Forderungen nach Arbeitszeitverkürzung, Lohnerhöhung sowie nach einer freien und demokratischen Gewerkschaft konnten nach einer intensiven Solidaritätskampagne mit

Protestaktionen vor deutschen Niederlassungen der Firma erfolgreich durchgesetzt werden. Um menschenwürdige Arbeitsbedingungen in der Textilindustrie durchzusetzen, strebt die Kampagne die Unterzeichnung einer Sozialcharta durch die großen Textilunternehmen an. Die Charta enthält u.a. Verpflichtungen für Vereinigungs- und Tariffreiheit, angemessene Löhne, sichere und gesunde Arbeitsbedingungen und untersagt jegliche Kinder- und Zwangsarbeit. Dazu führt 1998 die deutsche Kampagne eine Unterschriftensammlung an den gesamten Textilhandel durch und fordert die Unternehmen zum Dialog auf.

1995 gründeten engagierte TERRE DES FEMMES-Frauen eine *Arbeitsgemeinschaft "Genitalverstümmelung"*. Zur Unterstützung der AG ist seit Herbst 1997 eine hauptamtliche Koordinatorin im Bundesbüro angestellt. Es gilt, verstärkt Öffentlichkeitsarbeit in Deutschland zu leisten, um dem Vorurteil entgegenzuwirken, es handele sich bei der Genitalverstümmelung um ein kulturelles Problem. Da das Informationsbedürfnis der Öffentlichkeit steigt und immer wieder Einzelfälle an uns herangetragen werden, bemühen wir uns um die Einrichtung einer zentralen Anlauf- und Beratungsstelle für Betroffene und Interessierte.

Zur Zeit besteht der Verein aus über 1000 Mitgliedern. 1990 wurde ein Bundesbüro in Tübingen aufgebaut. Mit Hilfe hauptamtlicher Stellen konnten die Vereinsaktivitäten ausgeweitet, professionalisiert und besser koordiniert werden. TERRE DES FEMMES unterhält Kontakte zu Frauen- und Menschenrechtsorganisationen weltweit.

TERRE DES FEMMES ist in zahlreichen Städten in Deutschland durch Städtegruppen vertreten. Diese arbeiten ehrenamtlich. In Zusammenarbeit mit dem Büro informieren die Gruppen die Öffentlichkeit über Ausbeutung, Mißhandlung und Verfolgung von Frauen mittels Infoveranstaltungen und -ständen, Medien- und Lobbyarbeit, Vorträgen und Unterschriftenkampagnen.

TERRE DES FEMMES unterstützt derzeit 7 Selbsthilfeprojekte und Initiativen von Frauen für Frauen, z. B. ein Frauennetzwerk in Bihar,

Indien, bei dem geschlagene und mißhandelte Frauen Hilfe finden können und zwei Projekte gegen Genitalverstümmelung in Burkina Faso und Tanzania.

TERRE DES FEMMES unterhält ein Archiv, das von der Bevölkerung genutzt werden kann. Wir möchten dieses Archiv zu einer zentralen Dokumentations- und Anlaufstelle für Menschenrechtsverletzungen an Frauen weltweit ausbauen.

TERRE DES FEMMES gibt viermal im Jahr eine Zeitschrift heraus, die über aktuelle Menschenrechtsverletzungen an Frauen weltweit berichtet. Unregelmäßig werden umfangreiche Dokumentationen zu einzelnen Frauenrechtsbereichen herausgegeben.

Seit 1995 gibt TERRE DES FEMMES einen DIN A 5 Kalender mit dem Titel TERRE DES FEMMES-*Planerin* heraus. Der Kalender enthält Berichte über engagierte Frauen und Projekte international sowie eine Reihe von praktischen Grundlagen wie Adressen, Notizblätter, Termine etc.

Um all diesen Ansprüchen gerecht zu werden, sind wir zunehmend auf *private Spenden und Mitgliedsbeiträge* angewiesen. Zuschüsse kirchlicher und staatlicher Institutionen decken nur einen ganz geringen Teil unserer Kosten.
Mitgliedsbeiträge und Spenden sind aufgrund unserer Gemeinnützigkeit voll steuerabzugsfähig.